Eknath Easwaran

So öffnet sich das Leben

Eknath Easwaran

So öffnet sich das Leben

Acht Schritte der Meditation

Herder Freiburg · Basel · Wien

Titel des Originalwerkes:
MEDITATION
An Eight Point Program

Aus dem Amerikanischen übersetzt von
SUSAN JOHNSON

Umschlagfoto: Peter Herrmann

Herstellung: Ebner Ulm
ISBN 3-451-22323-6

INHALT

EINLEITUNG

Vor vielen Jahren, als ich in diesem Land neu angekommen war, saß ein junger Freund von mir mit geschlossenen Augen in einem geparkten Wagen. Plötzlich klopfte ein Polizist der Stadt Berkeley ans Fenster: „Was ist los?"

Mein Freund kurbelte das Fenster herunter. „Ich meditiere", antwortete er.

Sofort furchte sich die Stirn des Beamten in Besorgnis. „Brauchen Sie Hilfe?"

Damals war Meditation kaum bekannt. Selbst unter jenen, die das Wort gehört hatten, gab es wenige, die das, was es bedeutete, praktizieren wollten.

Ich erinnere mich an einen Vortrag, den ich einmal in einer Buchhandlung metaphysischer Orientierung hielt. Im ausverkauften Saal begann ich über die Upanischaden, die ältesten Schriften des Hinduismus, zu reden und erwähnte dabei ein paarmal Aldous Huxley, dann Alan Watts – dies war San Francisco im Jahre 1960. Alle hörten aufmerksam zu, und so beschloß ich, den Sprung zu wagen und eine Einführung in die Meditation zu geben – im großen und ganzen die gleiche Einführung, die Sie im nächsten Kapitel dieses Buches finden werden.

„Gut", sagte ich optimistisch, „probieren wir es mal." Ich schloß meine Augen ... und als ich sie eine halbe Stunde später wieder öffnete, gab es nur noch drei Menschen im Saal: mich, meine Frau und den Besitzer des Buchladens.

Die Zeiten haben sich gewiß geändert. Längst ist das Wort *Meditation* überall anzutreffen. Man hört es über den Gartenzaun oder im Bus; man hört es in der Oper, auf den Gängen der Universitäten, sogar im Parlament. Dennoch bleiben weiterhin viele Mißverständnisse über das, worum es sich bei der Meditation und dem geistlichen Leben genau handelt.

Was ist Meditation?

Zuallernächst hat Meditation nichts mit Okkultem, mit Paranormalem zu tun. Wenn mich jemand fragt, ob ich mit meiner psychischen Kraft einen Schlüssel biegen kann, gestehe ich einfach: „Das kann ich nicht einmal mit meiner physischen Kraft." Wenn ich gefragt werde: „Kamen Sie in Ihrem Astralleib in dieses Land?", sage ich: „Eigentlich mit der Air India ... angenehmer Flug." Wenn ich feststellen will, was auf der anderen Seite einer Stahltür liegt, versuche ich nicht, durch sie „hindurchzusehen", sondern öffne sie. Wenn es mich friert, lasse ich nicht meine Glieder vibrieren und beschwöre keine Astralkräfte, sondern ziehe einen Pullover an.

Jesus hat es kurz und bündig formuliert: „An ihren Früchten werdet ihr sie erkennen." Wenn Sie wissen wollen, wie weit Menschen auf dem geistlichen Weg fortgeschritten sind, beobachten Sie sie bei den kleinen zwischenmenschlichen Handlungen des Alltagslebens. Sie sind geduldig? Fröhlich? Sensibel für die Bedürfnisse der Menschen um sie herum? Sind sie frei von zwanghaften Neigungen und Abneigungen? Können sie mit anderen harmonisch zusammenarbeiten? Wenn ja, sind diese Menschen dabei, sich zu entwickeln, auch wenn sie nie eine Vision oder ein psychisches Erlebnis gehabt haben. Wenn jedoch die Antwort nein lautet, so könnten sie über alle okkulten Kräfte der Welt verfügen; es wäre ohne jeden Wert.

Sodann bedeutet Meditation nicht, den Geist völlig zu entleeren. Die einzige mir bekannte Art und Weise, dies zu tun – die ich allerdings nicht empfehle –, wäre, einen Bekannten zu bitten, einem einen kräftigen Schlag auf den Kopf zu versetzen. Aber wir wollen nicht untätig sein, sondern unseren Geist aktivieren und unser Bewußtsein erweitern.

Meditation kann auch nicht mit irgendeiner Art von Hypnose oder einem Zustand der Empfänglichkeit für Suggestion gleichgesetzt werden. Wie die Hexenmeister der Madison Avenue* ganz genau wissen, lassen wir uns allzuleicht verzaubern, allzuleicht verzücken. Wir haben den Zauberbann zu brechen. Meditation macht uns frei von Hypnose und allen Abhängigkeiten und Illusionen.

Manche benutzen das Wort *Meditation*, um diskursives Denken oder Introspektion zu bezeichnen. Vielleicht haben sie *den Denker* von Rodin vor Augen, der mit dem Kinn auf der Faust und gerunzelter Stirn eine Lösung aller Fragen sucht. Viele von uns haben lange Stunden in Gedankenspielen verbracht, lange Stunden über Probleme gegrübelt oder ihrem Geist Lauf gelassen. Dies hat sich jedoch nicht als sehr produktiv erwiesen: Der Geist selbst bleibt dabei nämlich unverändert.

Meditation ist nichts dergleichen. Meditation ist vielmehr eine systematische Technik, die es uns ermöglicht, unsere latente Geisteskraft in den Griff zu bekommen und uns aufs höchste zu konzentrieren. Sie besteht im Trainieren des Geistes, vor allem der Aufmerksamkeit und des Willens, damit wir, von der Oberflächenebene des Bewußtseins ausgehend, eine Reise in die wahren Tiefen antreten können.

* Madison Avenue: Straße in Manhattan, New York; als Zentrum der Werbeindustrie bekannt (Anm. der Übersetzerin).

Kann ich meditieren?

Es ist eine gängige Behauptung der modernen Psychologie, daß wir nicht bei vollem Bewußtsein ins Unbewußte eintreten können. Darauf sagt der Mystiker: „Doch, es ist möglich. Ich habe es getan." Die Reise läßt sich nicht adäquat beschreiben, aber ich denke sie mir als eine Rückkehr aus dem Exil. In jene fremden und wunderbaren Reiche können auch wir eindringen, um die dort umherstreifenden wilden Tiere herauszufordern, um das Schloß zu suchen, in dem der alte König Ego an unserer Statt regiert, und um auf unseren Thron sowie den uns rechtens zustehenden riesigen inneren Schatz Anspruch zu erheben. Denn dies ist unser eigenes Land, das Land, in das wir hineingeboren wurden. Auch wenn wir vorübergehend eine Verbannung erfahren, auch wenn aufgrund der Mißwirtschaft des Usurpators eine ziemliche Unordnung im Reich herrscht, so können wir dennoch siegreich zurückkehren und alles wieder in Ordnung bringen.

Aber „wilde Tiere herausfordern"? Dies ist keine Übertreibung: Damit meine ich die selbstsüchtigen Wünsche und negativen Empfindungen, die sich an uns heranmachen. Wie mächtig sie sind! Mir scheint es schon immer irgendwie ein Wunschdenken zu sein, wenn wir „ich denke" oder „ich fühle" sagen, denn meistens kommen uns die Gedanken und Gefühle, d. h., sie denken und fühlen uns*, wobei wir nicht viel zu sagen haben. Die Tür des Geistes steht allezeit offen, und diese unangenehmen geistigen Zustände können sich auf leisen Pfoten einschleichen, wann auch immer sie wollen. Wir können Alkohol trinken. Beruhigungsmittel schlucken, uns in einem Bestseller oder einem Zehnkilometerlauf

* Vgl. im Deutschen: *mich/mir dünkt, mir ist . . .* (Anm. der Übersetzerin).

verlieren, aber bei unserer Rückkehr werden die wilden Tiere immer noch da sein und vor der Schwelle umherstreifen.

Andererseits können wir lernen, diese Tiere zu zähmen. In dem Maße, wie unsere Meditation tiefer wird, verlieren Zwänge, Gelüste und Gefühlsanwandlungen immer mehr die Macht, unser Verhalten zu bestimmen. Wir erkennen deutlich, daß es Wahlmöglichkeiten gibt: Wir können ja sagen oder wir können nein sagen. Dies ist zutiefst befreiend. Vielleicht werden wir zunächst nicht immer die beste Wahl treffen, aber wir wissen wenigstens, daß wir eine Wahl haben. Dann werden wir gewandter und wir beginnen, gezielt zu leben, in Freiheit zu leben.

Wir können nämlich alle diese Dinge ändern. Wir müssen uns nicht einfach so annehmen, wie wir sind. Weder der genetische Code noch die Biochemie des Gehirns, weder Sternbilder noch Tarotkarten, weder frühkindliche Traumata noch Erziehung – nichts davon kann unser Potential jemals einschränken. Der Buddha erläutert: „Alles, was wir sind, ergibt sich aus dem, was wir gedacht haben." Durch eine Änderung unserer Denkweise können wir uns vollkommen umschaffen.

Dann werden wir zu großen Künstlern. Es ist keine geringe Leistung, eine Sonate zu komponieren oder einen inhaltsreichen Roman zu schreiben, und wir stehen in der Schuld der großen Komponisten und Schriftsteller, die uns Schönheit und Einsichten in die menschliche Natur geschenkt haben. Was mich jedoch am meisten bewegt, ist die Schönheit eines vollkommen gestalteten Lebens, aus dem jede Spur von Selbstsucht weggemeißelt worden ist, so daß alles, was gedacht, gefühlt, gesagt und getan wird, zum Einklang gelangt.

Sowohl Zeit als auch nicht nachlassende Bemühungen sind nötig, um ein solches Leben zu gestalten. Darin liegt die Herausforderung – und darum fühlen sich skeptisch veranlagte Menschen, die die heute gängigen Versprechungen einer sofortigen Verwandlung einfach nicht ernst nehmen können, von einem so gestalteten Leben zutiefst angesprochen. Solche Menschen wissen nämlich, daß man genausowenig eingefleischte Haltungen durch die Teilnahme an einem „Erleuchtungswochenende“ ausmerzen kann, wie man sich ans Klavier setzen und Beethoven oder Chopin spielen kann, wenn man gerade erst gelernt hat, die mittlere C-Taste zu finden.

Bei den meisten von uns fließt die Konditionierung – d. h. unsere Denk-, Gefühls- und Handlungsgewohnheiten – wie ein mächtiger Strom durch die Tage. Verständlicherweise legen wir uns meistens zurück und schwimmen mit dem Strom. Wenn z. B. eine Flut von Ärger anschwillt, ist es so einfach, so scheinbar befriedigend, sich davon treiben zu lassen. Versuchen Sie mal, gegen diesen Strom zu schwimmen! Die Zähne fangen an zu klappern, das Atmen wird schwer, die Kraft der Beine läßt nach. Aber das geistliche Leben verlangt genau das von uns: Wir müssen unsere Konditionierung umkehren und wie heimkehrende Lachse stromaufwärts schwimmen.

Bei Anbruch des Monsuns fangen die Wolken in Indien an, tagelang Regenströme herunterzuschütten, die die Flüsse anschwellen und über die Ufer steigen lassen. Viele Jungen aus meinem Dorf konnten gut schwimmen und waren außerdem mutig; wir maßen unsere Kräfte, indem wir in den reißenden Strom sprangen und versuchten, ans andere Ufer zu schwimmen, ohne uns abtreiben zu lassen. Es dauerte oft über eine Stunde, um das Ziel zu erreichen, und ohnehin schafften es nur einige wenige Helden, genau an der richtigen Stelle anzukommen, während die meisten von uns einige hundert Meter stromabwärts landeten. Aber jeder liebte die Herausforderung.

Sie sagen sich vielleicht: „Ich bin mir nicht sicher, ob ich es schaffe." Jeder kann es schaffen. Es liegt in unserer Natur; dafür sind wir geboren. Dadurch, daß wir Menschen sind, besitzen wir die Fähigkeit zu wählen, uns zu verändern, zu wachsen.

Ich habe eine Art Taubheit entwickelt: Erklärungen, die von der Annahme – und zwar der sofortigen Annahme – dieser Herausforderung entschuldigen sollen, vermag ich gar nicht mehr zu hören. Wenn Leute behaupten, sie seien zu beschäftigt, sage ich: „Dann gehören gerade Sie zu jenen, die die Energie, die Entschlossenheit und die Konzentration brauchen, die Meditation verleihen kann." Wenn sie immer noch einwenden: „Ich kann einfach nicht stillsitzen", sage ich: „Versuchen Sie es – Sie werden sich wundern. Einige meiner Bekannten waren völlig rastlos, bevor sie das Meditieren lernten."

Ich gebe zu, daß ich in dieser Angelegenheit recht hartnäckig bin. Ich bin nämlich nicht der Meinung, daß wir die Meditation auf jenen Tag verschieben sollten, an dem wir umziehen oder die Garage ausräumen oder die Antriebswelle reparieren lassen oder das Semester beenden oder den kranken Ellbogen ausheilen oder ein bißchen Freizeit finden oder sonst etwas. Wo auch immer wir stehen, was auch immer unsere Stärken und Verpflichtungen sind, welche Vorbehalte wir haben, Meditation kann helfen ... und zwar jetzt.

Ein Acht-Punkte-Programm

Bisher habe ich nur von Meditation gesprochen, aber Sie werden feststellen, daß dieses Buch auch ein komplettes Programm für ein *geistliches Leben* bietet. Das Programm ist zwar an die moderne Welt angepaßt worden, aber seine Disziplinen sind universell. Sie sind über Jahrhunderte hinweg von Männern und Frauen empfohlen worden, die sie ausprobiert und ihre Wirksamkeit im Schmelztiegel des eigenen Lebens entdeckt haben. Das ist ihre Garantie. Bis an die Grenzen meiner Möglichkeiten habe auch ich selbst diese Disziplinen geübt und sie Hunderten von Menschen beigebracht, so daß ich ihren unschätzbaren Wert aufgrund persönlicher Erfahrungen bezeugen kann.

Die achte Schritte des Programms lauten:

1. Meditation
2. Wiederholung des Mantram
3. Verlangsamen
4. Ungeteilte Aufmerksamkeit
5. Trainieren der Sinne
6. Andere an erste Stelle setzen
7. Geistliche Gemeinschaft
8. Lektüre der Mystiker

Es ist unverzichtbar, alle acht Schritte täglich zu üben. Obwohl sie auf den ersten Blick als nicht zusammenhängend erscheinen mögen, sind sie eng miteinander verknüpft. Die Beruhigung des Geistes bei der morgendlichen Betrachtung wird Ihnen z. B. helfen, die Arbeit ruhiger anzugehen, und eine ruhigere Arbeitsweise wird wiederum Ihre Meditation fördern. Nehmen wir aber an, Sie versuchen nur einen Teil dieses Programms durchzuführen. Wenn Sie bei der Arbeit hasten, werden Ihre Gedanken bei der Meditation rasen; wenn Sie die Meditation auslassen, wird es Ihnen schwerfallen, langsamer zu werden und auch sich zu konzentrieren. Mit anderen Worten: Einige der Schritte erzeugen geistliche Kraft, während andere sie im Laufe des Tages weise einsetzen. Wenn Sie nicht alle davon üben, können Sie weder sicher noch weit vorankommen.

Natürlich werden Ihnen bestimmte Disziplinen leichter fallen als andere. Tun Sie Ihr Bestes bei jeder einzelnen; mehr wird nicht erwartet. Mahatma Gandhi erlitt viele Rückschläge bei der Kampagne, Indien zu befreien, aber er zeigte sich nie verzagt. Er sagte oft: „Ein ganzer Einsatz ist ein ganzer Sieg." Den Enthusiasmus bewahren, regelmäßig und systematisch üben – das ist es, was wirklich zählt.

Kennen Sie den Ausdruck „Strohfeuer"? Die ersten paar Tage sind sie voller Begeisterung, aber dann ... Vor nicht allzu langer Zeit sah ich in den Nachrichten einen Bericht über das alljährliche „Bay to Breakers Marathon" von einer Seite San Franciscos zur anderen. Etwa fünfzehntausend Teilnehmer fanden sich ein mit ihren funkelnagelneuen, farblich abgestimmten Nylonanzügen, erstklassigen Rennschuhen, digitalen Stoppuhren und allem, was das Herz für ein ernsthaftes Rennen begehren könnte. Und welche Begeisterung am Start! Alle sprangen los mit leichten, federnden Schritten, grinsten die Zuschauer an, hielten Ausschau nach einem hübschen Gesicht unter den anderen Teilnehmern ... schön ist das Leben!

Am nächsten Morgen las ich allerdings einen Bericht über den Ausgang. Fünfzehntausend mögen zwar am Start gewesen sein, aber Tausende kamen nie ans Ziel. Sicher, am Anfang fühlt man sich toll, aber ungefähr bei Hayes Street – nach dem Verkehr der Innenstadt, dem Lärm und den Abgasen – beginnen viele, es sich noch einmal zu überlegen. Der Straßenbelag ist *heiß* – und die erstklassigen Laufschuhe sind es auch. Steigungen tauchen auf, und das hübsche Gesicht, an dem man bislang die Augen gelabt hat, ist hinter der nächsten Anhöhe verschwunden. Vor Ihnen fragt ein Plakat: „Wie wäre es jetzt mit einem schönen kalten Bier?" Ehe Sie sich's versehen, sitzen Sie auf einem Hocker in Roys Ruheraum, schauen den Nachzüglern zu, wie sie sich mühsam vorbeischleppen, und denken: *„Nächstes Jahr . . .“*

Es hilft, wenn man von Anfang an weiß, daß es sich bei diesem Programm um einen Marathonlauf und nicht einfach um das Drehen einiger Runden auf einem Sportplatz handelt. Es ist gut, wenn man sich am ersten Morgen mit Begeisterung zur Meditation hinsetzt; aber es kommt darauf an, daß man am Ende der ersten Woche, am Ende des ersten Monats und durch alle darauffolgenden Monate hindurch ebenso begeistert bleibt.

Die drei Etappen der Meditation

Wenn sich die ganze geistige Reise vor unserem Auge ausbreitete, so würden wir feststellen, daß sie sich in drei Etappen teilt, die jeweils zu einer bemerkenswerten Entdeckung führen. Es handelt sich nicht um intellektuelle Entdeckungen, sondern um tiefgehende Entdeckungen auf der Erfahrungsebene. Sie bringen eine neue Sichtweise des Lebens und die Kraft, unsere Worte und Taten dieser neuen Sichtweise anzupassen. Glaube oder Theorie allein reicht nie; wir müssen uns ändern. Wie ein christlicher Mystiker bemerkte: „Unser Erkennen geht so tief wie unser Handeln.“

Sprachlich lassen sich diese innerlichen Erlebnisse schlecht erfassen. Wenn ich hier z. B. von Etappen spreche, geschieht dies nur annäherungsweise. Es gibt keine scharfen Grenzen; alles geschieht nach und nach über einen längeren Zeitraum. Vielleicht werden ein paar Analogien behilflich sein, um diese Entdeckungen leichter verstehbar zu machen.

In der ersten Etappe entdecken wir durch Erfahrung, daß wir nicht unser Körper sind.

Nicht unser Körper? Eine überraschende Erkenntnis!

Man hat uns genau das Gegenteil zu verstehen gegeben, nämlich daß wir *wesentlich* Leib sind und daß ein lebenswertes Leben mit einer Stimulierung der Sinne und mit Genuß, mit allen Freuden des Essens und Trinkens, der Sonne und des Meeres, Luxusstoffe und umwerfende Düfte vollgepackt ist.

Was ist also der Körper? Lassen Sie es mich folgendermaßen beschreiben: Ich habe eine gelbbraune Nehrujacke aus Kammgarn, die vor etwa zehn Jahren in Hongkong hergestellt wurde. Sie paßt mir gut, und ich pflege sie, wie es sich gehört: Ich werfe sie nicht einfach in einem Haufen auf einen Stuhl, sondern knöpfe sie zu, streiche sie glatt und hänge sie sorgfältig in den Kleiderschrank, damit sie noch einige Jahre tragbar bleibt. Aber wenn ich diese Jacke trage, habe ich immer eine weitere darunter, eine in Kerala in Indien gemachte, die noch besser paßt – und nirgends eine Naht aufweist – und zu der ich sogar passende braune Handschuhe habe. Diese zweite Jacke pflege ich ebenso sorgfältig.

Sie würden mich wohl nicht mit meiner gelbbraunen Nehrujacke verwechseln. Nach einigen Jahren der Meditation habe ich entdeckt, daß die braune Jacke aus Kerala, mein Leib, auch nicht mit mir gleichzusetzen ist, sondern einfach etwas, das ich trage. Ich habe sogar gelernt, auch wenn Sie dies nicht sehen können, diese Jacke während der Meditation auszuziehen und mein Körperbewußtsein hinter mir zu lassen. Wenn die Meditation vorbei ist, ziehe ich sie wieder an, um den Menschen, die mich umgeben, zu dienen. Eines Tages wird meine gelbbraune Jacke abgenutzt sein und abgelegt werden müssen. Und eines Tages wird auch meine braune Jacke nicht mehr für den Dienst taugen und in der großen Verwandlung, den wir Tod nennen, abgelegt werden müssen.

Die Entdeckung, daß man nicht mit dem Körper gleichzusetzen ist, hat weitreichende Konsequenzen.

Einerseits sieht man nicht mehr schwarze, braune oder weiße Menschen, sondern nur Menschen, die alle möglichen schöngefärbten Jacken tragen. Man identifiziert Menschen nicht mehr mit ihrer Hautfarbe – und auch nicht mit ihrem Alter, ihrem Geschlecht, ihrer Haartracht oder Nebensächlichkeiten wie Geld und Status. Statt dessen entwickelt man langsam ein Gespür für die zentrale Wahrheit des Lebens, nämlich daß wir alle eins sind.

Dabei entwickelt man auch die Fähigkeit, die Bedürfnisse des Leibes sowie die richtige Art ihrer Befriedigung klar und weise zu erkennen. Man wird z. B. weder auf den Geschmack, die Farbe oder Textur des Essens noch auf sein knuspriges Knacken – bzw. auf die in der Werbung gesund klingende Knusprigkeit – hereinfallen. Wenn die Sinne laut nach *junk food* rufen, kann man liebevoll sagen: „Tut mir Leid, Freunde, das bekommt euch nicht." Die Sinne werden vielleicht zunächst enttäuscht werden, aber der Körper wird es Ihnen danken: „Er kümmert sich wirklich gut um mich!"

Denken Sie bitte nicht, daß Ihr Speisegenuß dadurch gemindert werden soll. Er wird im Gegenteil eher zunehmen. Wenn man nämlich in der Lage ist, die Eßgewohnheiten nach eigenem Ermessen zu ändern, kommt man nicht nur in den Genuß einer gesunden Nahrung, sondern stellt zufrieden fest, daß man für den eigenen Körper auch etwas tut. Alles andere, was man heutzutage noch großzügigerweise als Nahrung bezeichnet, wird Sie dann nicht mehr befriedigen.

Eine weise Wahl der Nahrungsmittel, körperliche Betätigung und Schlaf tragen alle zum gesundheitlichen Wohlbefinden bei. Man fühlt sich fit und unternehmungslustig; Mattigkeit verschwindet unbemerkt; kleinere Erkrankungen wie Erkältungen oder Grippe überfallen einen, wenn überhaupt, in geschwächter Form; chronische Erkrankungen verschwinden oft ganz, und man ist gegen manche ernsthafte Beschwerden wie hohen Blutdruck und Herzkrankheiten gefeit. Dies trägt alles zu einem langen Leben bei und kann einen bis zum letzten Lebenstag auf Erden aktiv halten. In allen Traditionen behalten die Weisen häufig ihre Lebenskraft bis ins Alter von achtzig oder neunzig Jahren.

Bei der ersten Meditationsetappe entdecken wir also, daß unser Körper eigentlich ein Gewand ist, das wir tragen, bzw. ein Vehikel, mit dem wir uns fortbewegen. Nach vielen Jahren in diesem Lande bin ich mit dem Vehikel Automobil genügend vertraut geworden, um mich mit einem solchen Vergleich anzufreunden. In meinen Anfangstagen kamen mir jedoch Redewendungen zu Ohren, die mich verwirrten. Kurz nach meiner Ankunft in Kalifornien machte ich mit einigen Freunden einen Ausflug. Die am Steuerrad sitzende Frau verkündete auf einmal: „Ich habe kein Wasser mehr.“ Sie sah ganz in Ordnung aus – das gemeinsame Mittagessen lag noch nicht lange zurück –, aber mir fiel nichts anderes ein, als einen Halt bei der nächsten Raststätte vorzuschlagen. Aber dann wurde mir erklärt, daß sie damit sagen wollte, daß das Auto kein Wasser mehr hatte. „Nanu“, dachte ich mir, noch etwas verwirrt: „Warum drückt sie sich nicht deutlich aus?“

All diese menschlichen Körper sind lediglich fahrende Autos – die einen Kleinwagen, die anderen große Schlitten. Manche können an einer Verkehrsampel davonbrausen, während andere, vor allem morgens, einen ziemlichen Anlauf nehmen müssen. Die meisten hier sind amerikanische Fabrikate, aber es gibt auch eine erfrischende Beimischung von Import-Ware.

Die zweite Entdeckung

Nachdem wir nach und nach erkannt haben, daß wir nicht unser Körper sind, machen wir in der zweiten Etappe eine noch verblüffendere Entdeckung: Wir sind auch nicht unser Geist.

Wenn ich dies sage, bemerke ich manchmal einen Blick in den Gesichtern der Zuhörer, der zu sagen scheint: „Moment mal! Zuerst sagen Sie uns, daß wir nicht unser Körper sind. Na ja, es klingt zwar verrückt, zumindest ungewöhnlich, aber wir schieben das Urteil auf. Doch nun sagen Sie uns ins Gesicht, daß wir auch nicht unser Geist sind. Damit, lieber Freund, haben Sie uns vollkommen ausgelöscht!" Wenn ich diesen Blick bemerke, füge ich schnell hinzu: „Warten Sie mal. Es kommt noch etwas."

Wenn dieser Körper mit der Karosserie eines Autos vergleichbar ist, so ist der Geist der Motor, der wichtigste Teil des Fahrzeugs. Als solchem gebührt ihm besondere Beachtung und sorgsame Pflege. Man kann mit einem alten Modell längskommen – denken Sie nur an die letzten Jahre von Albert Schweitzer, Eleanor Roosevelt und George Bernhard Shaw –, wenn man einen Ferrari-Motor hat. Aber so viele Menschen, die eine Ferrari-Karosserie haben wollen, begnügen sich mit einem darin tuckernden, klapprigen alten Motor. Sie kümmern sich hauptsächlich um das Äußere: Alufelgen, Lederpolster, Rennstreifen, CB-Empfänger. Was nützt das alles, wenn die Kolben abgenutzt sind und der Motor keine Leistung bringt? Wir brauchen einen starken Geist, der klar und scharfsinnig ist.

Und wir brauchen einen Geist, der Anweisungen befolgt und nicht aufsässig ist. Stellen Sie sich mal vor, ich gehe eines Morgens an mein Auto, starte es und fahre los, um in der südlich von San Francisco gelegenen Stadt Milpitas einen Vortrag über Meditation zu halten. Sobald ich die Golden-Gate-Brücke überquert habe, biegt mein Auto plötzlich nach Osten ab. Ich versuche immer wieder das Lenkrad zu bewegen, aber stoße auf einen enormen Widerstand – der Lenkmechanismus hört nicht auf mich. „Milpitas“, protestiere ich, „wir sollen nach Milpitas fahren!“ Aber das Auto heult nur unverschämt: „Reno! Reno! Wir fahren nach Reno!“ Dann meine ich ein Kichern zu vernehmen: „Warum lehnst du dich nicht zurück und genießt die Fahrt?“

Würden wir uns das gefallen lassen? Bestimmt nicht, zumindest nicht von unseren Autos. Aber von unserem Geist lassen es sich die meisten von uns doch gefallen. Theoretisch hätten wir es gern, daß unser Geist uns gehorchte, aber faktisch tut er es nicht – hauptsächlich weil wir es ihm nie beigebracht haben. Augustinus hat es in klare Worte gefaßt: „Ich kann meiner Hand sagen, was sie zu tun hat, und sie tut es sofort. Warum tut mein Geist nicht, was ich ihm sage?“

Überall gibt es einige Menschen, die diesen Zustand nicht akzeptieren wollen, die ihn als einen Freiheitsverlust, als eine Art Gefangenschaft betrachten. Meine Großmutter, meine geistliche Lehrerin, wußte nichts von Autos, aber sie verstand den menschlichen Geist. Wenn ich anderen mit gleicher Münze etwas heimzahlte, wenn ich mich erzürnte, weil andere zornig waren, oder unnahbar wurde, weil andere unnahbar waren, pflegte sie mir zu sagen: „Mein Junge, wenn du dich so verhältst, erinnerst du mich an einen Gummiball. Wirft man ihn gegen eine Wand, so *muß* er zurückkommen.“ Es brauchte seine Zeit, aber schließlich faßte ich den Entschluß, kein Gummiball im Leben zu sein.

Eingangs sagte ich, daß das geistliche Leben nichts mit dem Paranormalen und dem Okkulten zu tun hat. Dennoch besitze ich eine Fähigkeit, die manchen Menschen wie eine Art Wunder erscheint, obwohl sie einfach eine

Fertigkeit ist, die jeder im Laufe jahrelanger Meditation erlernen kann: Ich kann meinem Geist sagen, was er zu tun hat.

Wo liegt das Wunder? Wie Shakespeares Hotspur sagen würde: „Nun, das kann ich auch; das kann jeder." Meine Fähigkeit besteht einfach darin, daß ich meinem Geist Anweisungen erteile und daß er gehorcht. Wenn ein Begehren nach etwas, das mein Körper nicht braucht, aufkommt, lächele ich und sage höflich: „Geh bitte" – und es verläßt mich. Wenn etwas Grobes – z. B. ein zorniger Gedanke – Einzug halten will, nehme ich mir kein Blatt vor den Mund, sondern sage unverblümt: „Raus!" – und es ist im Nu weg.

Meditation wird Ihnen zu dem verhelfen, wozu es allen verholfen hat, die sie regelmäßig üben, nämlich Sie in die Lage versetzen, das eigene Auto geschickt zu steuern. Wenn sie gemächlich auf derselben Fahrspur weiterfahren wollen, so wird Ihr Geist Ihnen gehorchen. Wenn Sie die Spur wechseln oder sogar in umgekehrter Richtung fahren wollen, so wird Ihr Geist entsprechend reagieren. Wenn der Geist dies auf Befehl tut, beherrschen Sie die Kunst des Lebens. Dann sind Sie nämlich nicht mehr von äußeren Umständen abhängig, sondern können in jeder Lage selber bestimmen, wie Sie darauf reagieren wollen. Wenn sich z. B. ein Bekannter rücksichtslos benimmt, so brauchen Sie nicht lange darüber zu grübeln, sondern können Ihre Gedanken statt dessen auf seine guten Seiten richten. Wenn Sie in eine Depression hineinzuschlittern beginnen, können Sie einfach Ihre Stimmung *ändern* – wie man dies macht, haben Sie ja gelernt – und Ihren Gleichmut und Frohmut wiederherstellen. Sie können nun das denken, was Sie denken wollen, und jede Beziehung, jede Handlung wird daraus einen sehr großen Nutzen ziehen.

Wenn man weiß, daß man nicht mit dem Körper

gleichzusetzen ist, empfindet man die Aussage: „Ich fühle mich nicht wohl“ als nicht zutreffend. Dem Körper mag es vielleicht nicht gutgehen, aber *Sie* sind immer wohlauf. Bei der zweiten Etappe der geistigen Reise der Meditation stellt man dann fest, daß es ebenso unzutreffend ist, wenn man sagt: „Ich ärgere mich.“ Der *Geist* ärgert sich. Anstatt sich von Zorn aufzehren zu lassen, können Sie sich auf eigene Kosten etwas amüsieren: „Na ja, da oben scheint eine Schraube locker zu sein!“ Ein mechanisches Problem – der Zorn – ist aufgetreten, und wenn Sie wissen, wie man sich geistig auf der Rollbühne unter das Auto legt und die Schrauben wieder anzieht (bzw. sie beim Geist meistens eher leicht lockert), läßt sich das Problem beheben – und Sie müssen nicht $ 200 hinblättern, bevor Sie die Autoschlüssel zurückbekommen.

Diese Sichtweise bringt eine kostbare Distanz, einen Abstand, von den Problemen sowohl des Körpers als auch des Geistes. Negative Gefühle stellen z. B. nichts Bedrohliches mehr dar. Den Zorn habe ich bereits erwähnt, aber auch Angst und Niedergeschlagenheit bekommt man in den Griff. Man kann den Motor des Geistes weitgehend auf die eigenen Wünsche abstimmen und ihn so sehr in den Griff bekommen, daß negative Gedanken wie Groll, Feindseligkeit und Gier nicht einmal im Schlafe auftreten. Man übernimmt die volle Verantwortung für die eigene geistige Verfassung ebenso wie für die eigenen Handlungen.

Ein gut eingestellter Geist trägt dazu bei, Lebenskräfte zu sparen, die man sonst auf negative Gefühle vergeuden würde. Niemand würde den Motor eines Autos die ganze Nacht in der Garage laufen lassen, aber wir lassen unseren Geist die meiste Zeit laufen, so daß es kein Wunder ist, wenn wir uns oft matt und mutlos fühlen. Dieser Kräfteverlust kann sogar zu Krankheiten führen. Hausärzte berichten, daß 70–80 % ihrer Patienten sie mit Beschwerden psychischen Ursprungs, d. h. mit einem vagen Gefühl des „Unwohlseins", aufsuchen. Der Buddha hatte dafür einen prägnanten Begriff, nämlich *dukka*, der in etwa „ausgerenkt" bedeutet. Ebenso wie ein ausgerenkter Ellbogen nicht funktionsfähig ist, funktionieren wir auch nicht mehr richtig, wenn wir unsere Lebenskraft verschleudern.

Wenn wir es gelernt haben, jeglichen geistigen Aufruhr in den Bann zu schlagen, übernehmen wir die Macht, die dann zum Wohl aller eingesetzt werden kann. Ich kann mir keine Zeit vorstellen, zu der dies notwendiger gewesen wäre. Jeder von uns hat so viel zu geben – mehr, als wir uns vorstellen können. Können wir es uns leisten, unser Potential zu verschleudern?

Die große Entdeckung

Nach der Entdeckung, daß wir weder mit unserem Körper noch mit unserem Geist gleichzusetzen sind, die beide dem Wandel unterworfen sind, bleibt die Frage: „Wer bin ich?" In der dritten Etappe der geistigen Reise erleben wir den großartigen Höhepunkt der Meditation und machen die bedeutsamste Entdeckung, die einem Menschen möglich ist: Wir entdecken, wer wir wirklich sind.

Solange wir uns mit dem Körper und dem Geist identifizieren, schwimmen wir auf der Oberfläche des Bewußtseins herum, wo wir nach den flüchtigen Reizen des außerhalb unser liegenden Lebens jagen. Hier ein erhaschter, da ein entgangener Genuß; heute Lob, morgen Tadel; eine endlose Abfolge von Gewinn und Verlust – so verbringen wir unsere Tage, wobei wir auseinandergetrieben, entzweit, rastlos und unvollendet werden.

Bei einer in die Tiefe dringenden Meditation lassen wir all das zurück und konzentrieren uns einzig und allein auf die Frage unserer eigentlichen Identität. Wenn wir uns innerlich so sammeln, durchbrechen wir die Oberfläche des Bewußtseins und stoßen in die Urtiefe des eigentlichen Wesens.

Was wir dort entdecken, läßt sich nicht in Worte fassen, aber nach einem solchen Erlebnis sind wir vollkommen verändert. Unser ganzes Bewußtsein ist so intensiv auf einen inneren Brennpunkt gebündelt worden, daß die Grenzen, die uns von der übrigen Welt zu trennen scheinen, verschwinden. Die Zweiteilung von Subjekt und Objekt, von Erkennendem und Erkanntem schwindet, und wir öffnen uns einer transzententalen Erkenntnisweise. Albert Einstein muß solches geahnt haben, als er aus der Perspektive eines großen Physikers folgendes schrieb:

Der Mensch ist ein Teil des Ganzen, das wir das „Universum" nennen, und zwar ein von Zeit und Raum begrenzter Teil. Er erfährt sich, seine Gedanken und Gefühle als etwas vom Übrigen Getrenntes – eine Art optische Täuschung seines Bewußtseins. Diese Täuschung ist eine Art Gefängnis für uns, das uns auf die eigenen Wünsche und die Zuneigung gegenüber den wenigen Menschen, die uns am nächsten stehen, einschränkt. Unsere Aufgabe muß es sein, uns aus diesem Gefängnis zu befreien, indem wir den Kreis unseres Mitgefühls so erweitern, daß er alle Lebewesen und die ganze Natur in ihrer Schönheit einschließt.

In diesem Zustand der Vertiefung erleben wir, daß alle unbedeutenden persönlichen Sehnsüchte, alles Hungern und Dürsten, jedes Gefühl der Unvollständigkeit verschwinden. Wir entdecken, fast in jeder Zelle unseres Wesens, daß uns tief in unserem Innern nichts fehlt. Unsere inneren Reserven an Liebe und Weisheit sind unbegrenzt; wir können endlos aus ihnen schöpfen, ohne daß sie jemals geringer würden.

Vorher schwangen vage Mißtöne bei unserem Denken

und Tun mit. Wie ein drückender Schuh, eine ausgerenkte Schulter, ein falscher Schlüssel im Schlüsselloch waren die Dinge irgendwie einfach nicht in Ordnung. Aber jetzt durchdringt ein Gefühl der Richtigkeit unser Leben: Wir passen, wir gehören hierher. Diese Erde, die Natur, unsere Mitgeschöpfe, wir selbst – alle nehmen ihren Platz in einer einzigen großartigen Harmonie ein. Weil wir uns nicht mit einem Fragment des Lebens, sondern mit dem Ganzen identifizieren, hören Konflikte und Trennung auf.

Natürlich bleiben die Probleme der Welt bestehen, und vielleicht erkennen wir erst jetzt, wie bedrohlich sie wirklich sind, aber wir sehen auch, daß sie gelöst werden können und daß wir über genug Weisheit und Einfallsreichtum verfügen, sie zu lösen. Die schwierigen Strekken, die unsere Fahrkünste auf die Probe stellen – plötzliche Steigungen, scharfe Kurven, vereiste Straßen –, legen wir so geschickt wie ein geübter Autofahrer zurück. Und weil wir für solche Herausforderungen gewappnet sind, kommen sie auch – sogar große. Aber wir sind darauf vorbereitet: Es *werden* schwierige Lenkaufgaben auf uns zukommen, aber wir können sie ohne Ermattung oder Niedergeschlagenheit bewältigen.

Das Leben selbst wird zu einem mühelosen Auftritt, der an die Virtuosität eines berühmten Pianisten oder Cellisten denken läßt. Der Künstler läßt sein Spielen so einfach erscheinen, daß wir beinahe ausrufen möchten: „Nanu, so könnte auch ich spielen!" Aber wieviel Übung geht einer solchen Meisterschaft voraus! Einst nahm ein großer Maler, so wird erzählt, ein mittelmäßiges Porträt und verlieh ihm mit ein paar schnellen Pinselstrichen eine kraftvolle Lebendigkeit. Seine Studenten waren voller Ehrfurcht. Einer fragte ihn: „Wie haben Sie das fertiggebracht? Sie haben höchstens fünf Minuten dafür gebraucht." „Ja", antwortete der Meister, „ich habe nur fünf

Minuten gebraucht, um es auszuführen, aber ich habe fünfundzwanzig Jahre gebraucht, um zu lernen, *wie* man es tut."

Diese Lebenskunst verleiht Ihren Beziehungen eine neue Schönheit. Nur das Gefühl des Getrenntseins macht uns streitsüchtig oder schwierig im Umgang mit anderen, und nun kann niemand mehr von Ihnen getrennt sein. Stellen Sie sich vor, der kleine Finger Ihrer linken Hand würde aufsässig. Er blickt zum Daumen hinüber, der sich um seine eigenen Sachen kümmert, und sagt: „Was hat der seltsame Vogel hier zu suchen? Ich werde ihm sagen, daß er abhauen soll. Sonst wird er eine Tracht Prügel bekommen!" Was könnte absurder sein? Tut eine Verletzung des Daumens nicht der ganzen Hand weh, deren Glied auch der kleine Finger ist? Wenn Sie Ihr wahres Wesen erkennen, stellen Sie gleichzeitig fest, daß Sie und andere eins sind. Wenn Sie anderen schaden, schaden Sie auch sich selbst; wenn Sie zu anderen freundlich sind, sind Sie auch sich selber gegenüber freundlich. Alles Lebendige ist nunmehr Ihre Familie, und auch wenn Sie es verschiedenen Menschen gegenüber in unterschiedlicher Weise ausdrücken, gleicht das Gefühl, das Sie jedem einzelnen Menschen entgegenbringen – um den Ausdruck Buddhas zu benutzen –, dem einer Mutter gegenüber ihrem einzigen Kind.

Damit will ich nicht behaupten, daß alle Meinungsunterschiede verschwinden. An der Oberfläche des Lebens besteht tatsächlich Verschiedenheit; gerade sie macht es auch interessant. Aber nun sind Sie immer in der Lage, andere Ansichten zu verstehen. Sind nicht die Menschen im wesentlichen überall gleich? Die Unterschiede belaufen sich auf ein Prozent, die Ähnlichkeiten dagegen auf neunundneunzig Prozent. Man kann aus den eigenen Schuhen oder Sandalen in die eines anderen schlüpfen und somit dessen Sichtweise annehmen; man kann vermeintliche Barrieren des Alters, des Geschlechts, der wirtschaftlichen Lage und der Nationalität überspringen. So leben Sie in jedem, und jeder lebt in Ihnen.

Einen solchen Zustand des Bewußtseins zu erreichen, ist das höchste Lebensziel des Menschen. Die verschiedenen Religionen haben dieses Ziel unterschiedlich ausgedrückt: Erleuchtung, Aufklärung, Nirwana, Selbstverwirklichung, Eingehen in das verheißene Land oder in das Himmelreich in einem selbst. Wie immer man es nennen mag, die Erfahrung ist überall die gleiche. Jesus sprach von einer „kostbaren Perle"; ohne sie wird unserem Leben immer etwas fehlen; für sie wäre kein Preis zu hoch, selbst wenn wir alles auf Erden hingeben müßten, um in ihren Besitz zu gelangen.

Möge diese Perle Ihnen gehören!

MEDITATION

Ich gehe davon aus, daß Sie zu diesem Buch gegriffen haben, um meditieren zu lernen, und beginne deswegen sofort mit einigen Anweisungen.

Ich schlage vor, daß Sie mit dem Gebet des heiligen Franziskus von Assisi beginnen. Wenn Sie bereits einen anderen Text, z. B. Psalm 23, kennen, wird dies vollauf genügen, bis Sie das Gebet gelernt haben. Meine jahrelange Erfahrung der Einübung in die Meditation hat mich indes gelehrt, daß die Worte des heiligen Franziskus fast alle Menschen ansprechen, weil sie von der geistigen Wahrheit jenes sanften Ordensmannes beseelt sind, der die höchste einem Menschen zumutbare Aufgabe auf sich nahm, nämlich die Umwandlung des Charakters, des Verhaltens und des Bewußtseins. Das Gebet lautet:

Herr, mach mich zu einem Werkzeug deines Friedens,
daß ich liebe, wo man haßt;
daß ich verzeihe, wo man beleidigt;
daß ich verbinde, wo Streit ist;
daß ich die Wahrheit sage, wo Irrtum ist;
daß ich Glauben bringe, wo Zweifel droht;
daß ich Hoffnung wecke, wo Verzweiflung quält;
daß ich Licht anzünde, wo Finsternis regiert;
daß ich Freude bringe, wo Kummer wohnt.

Herr, laß mich trachten,
nicht, daß ich getröstet werde, sondern daß ich tröste;
nicht, daß ich verstanden werde, sondern daß ich verstehe;
nicht, daß ich geliebt werde, sondern daß ich liebe.

Denn wer sich hingibt, der empfängt;
wer sich selbst vergißt, der findet;
wer verzeiht, dem wird verziehen;
und wer [sich selbst] stirbt, der erwacht zum ewigen Leben.

Sie werden hoffentlich begreifen, daß das Wort „Herr" sich hier nicht auf einen weißbärtigen alten Mann bezieht, der von einem irgendwo in der Nähe des Planeten Uranus aufgestellten Thron aus über das Universum herrscht. Wenn ich Worte wie „Herr" oder „Gott" benutze, meine ich den wahren Seinsgrund, das Tiefste, was wir uns vorstellen können. Diese höchste Wirklichkeit liegt nicht außerhalb von uns, ist nicht von uns getrennt. Sie liegt vielmehr in uns, im Herzen unseres Wesens, in unserer wahren Natur, uns näher als unsere Körper und uns teurer als unser Leben.

Nachdem Sie dieses Gebet auswendig gelernt haben, setzen Sie sich hin, und schließen Sie sanft die Augen. Man verfehlt den Zweck der Meditation, wenn man herumschaut, den Vogel auf dem Fensterbrett bewundert oder zusieht, wie die Menschen kommen und gehen. Augen, Ohren und die übrigen Sinne sind wie Geräte, deren Kabel in den Geist eingesteckt sind. Während der Meditation versuchen wir die Stecker herauszuziehen, damit wir uns besser auf das innere Geschehen konzentrieren können.

Die Sinne abzuschalten – z. B. um die Welt des Klangs hinter sich zu lassen – ist schwer. Wir meinen sogar vielleicht, daß es unmöglich sei, daß alles für alle Zeit installiert worden sei. Die Mystiker legen jedoch für die Tatsache Zeugnis ab, daß diese Kabel ausgesteckt werden *können* und daß wir eine unaussprechliche Gelassenheit erleben, wenn uns dies gelingt.

Schließen Sie die Augen, ohne Anspannung. Da der Körper entspannt und nicht angespannt sein soll, brauchen Sie sich nicht anzustrengen. Der beste Lehrer fürs Augenschließen, den ich je gesehen habe, ist ein Baby, dessen müde Lider sich sanft über müde Augen senken.

Tempo

Wenn Sie das Gebet auswendig gelernt haben, sind Sie so weit, daß Sie es Wort für Wort durchgehen können, ganz, ganz langsam. Warum langsam? Ich glaube, es war Meher Baba, ein moderner Mystiker Indiens, der erklärte:

Ein Geist, der schnell ist, ist krank.
Ein Geist, der langsam ist, ist gesund.
Ein Geist, der still ist, ist göttlich.

Denken Sie an ein Auto, das mit 150 km/h dahinbraust. Der Fahrer mag sich überschwenglich und kraftvoll fühlen, aber eine Reihe von Dingen können dazu führen, daß er plötzlich die Kontrolle über das Auto verliert. Wenn er jedoch mit 50 km/h fährt, läßt sich das Auto leicht fahren; selbst wenn jemand anderes ein gefährliches Manöver unternimmt, wird er wahrscheinlich noch ausweichen und einen Zusammenprall vermeiden können. So ist es auch mit dem Geist. Wenn sein verzweifeltes Schwirren sich verlangsamt, so erscheinen Zielgerichtetheit und Urteilsvermögen, dann Liebe und schließlich das, was die Bibel „den Frieden, der alles Begreifen übersteigt“ nennt.

Lassen Sie die Worte also langsam passieren. Sie können die kleinen Formwörter mit einem Inhaltswort nach folgendem Muster gruppieren:

Herr . . . mach . . . mich . . . zu einem Werkzeug . . .
deines . . . Friedens.

Die Pausen zwischen den Wörtern oder Wortgruppen kann jeder für sich persönlich bestimmen. Sie sollten bequem sein und etwas Spielraum lassen. Wenn die Wörter zu eng aufeinander folgen, wird es Ihnen nicht gelingen, den Geist langsamer werden zu lassen:

Herr.mach.mich.

Wenn die Wörter zu weit auseinanderstehen, können sie nicht mehr zusammenwirken:

Herr . . mach .

Hier hat „mach“ noch seinen Beitrag geleistet, aber „mich“ führt ihn einfach nicht weiter. Bald eilt irgendein anderes Wort oder Bild herbei, um die Lücke zu füllen, und der Textzusammenhang geht verloren.

Nach einigem Ausprobieren werden Sie das Tempo entdecken, das Ihnen am besten entspricht. In erinnere mich daran, wie mein Fahrlehrer mit viel Geduld immer wieder versuchte, mir den Gebrauch der Kupplung beizubringen, als ich vor vielen Jahren meinen Führerschein machte. Ich war kein besonders begabter Schüler. Nach wiederholtem stotterndem Anhalten und abgewürgtem Motor fragte ich ihn, wie ich jemals die Handhabung der Pedale erlernen sollte. Er antwortete: „Man entwickelt dafür ein Gefühl.“ So verhält es sich auch mit Wörtern; Sie werden es intuitiv merken, wenn der Abstand zwischen ihnen zu klein oder zu groß ist.

Konzentrieren Sie sich auf ein Wort nach dem anderen, und lassen Sie die Wörter sich eins nach dem anderen in Ihr Bewußtsein versenken wie Perlen, die in einen klaren Teich fallen. Lassen Sie sie einzeln nach innen fallen. Diese Kunst lernen wir natürlich erst nach und nach. Eine Zeitlang lassen wir ein Wort fallen, und es schwimmt auf der Oberfläche, wo es von Ablenkungen und belanglosen Bildern, von Phantasien und Sorgen, von Bedauernissen und negativen Empfindungen hin und her geschaukelt wird. Dabei erkennen wir wenigstens, wie weit wir noch davon entfernt sind, dem Geist einen einfachen Befehl erteilen zu können, den er auch ausführen wird.

Später, nach fleißigem Üben, werden die Worte tatsächlich nach innen fallen; Sie werden es erleben, daß sie eintauchen und bis an den Grund dringen. Dies braucht allerdings seine Zeit. Erwarten Sie nicht, daß es schon nächste Woche kommt. Gut Ding will ja Weile haben – und fordert seinen Einsatz. Wenn dem nicht so wäre, dann würden wir vermutlich auch nie wachsen.

Während Sie sich jedem Wort widmen, das einzeln und bedeutungsvoll in Ihr Bewußtsein eintaucht, werden Sie erkennen, daß es kein Auseinanderklaffen von Sinn und Klang gibt. Während Sie sich auf den Klang des einzelnen Wortes konzentrieren, werden Sie sich gleichzeitig auf den Sinn des ganzen Abschnitts konzentrieren. Sinn und Klang sind eins.

Am Anfang mag es ein wenig hilfreich sein, sich die Wörter vor dem inneren Auge bildhaft vorzustellen oder sie im Geist aufzuschreiben, wie manche Menschen es gern tun, aber ein solches Vorgehen wird sich später als Hindernis erweisen. Unser Ziel ist es, die Sinne vorübergehend auszuschalten; die bildliche Vorstellung bindet uns jedoch an eine sinnenhafte Bewußtseinsebene.

Der Körper wird sich vielleicht auch aufdrängen wollen. Ich erinnere mich an eine Dame, die den Text nicht nur im Geiste schrieb, sondern dabei ihre Finger ganz unbewußt auf einer fiktiven Tastatur tanzen ließ. Eine andere Bekannte pflegte bei der Meditation vor und zurück zu schaukeln, als sänge sie in einem Chor. So muß man ab und zu prüfen, ob man nicht überflüssige Körperbewegungen entwickelt.

Ablenkungen

Während Sie das Gebet durchgehen, dürfen Sie sich von keinen Gedankenassoziationen hinreißen lassen. Bleiben Sie beim Wortlaut. Trotz aller Anstrengung wird dies Ihnen sehr schwer fallen. Sie werden bald merken, wie raffiniert der Geist ist, zu welchen Strategien er greifen wird, um Ihrer Herrschaft zu entkommen.

Nehmen wir an, daß Sie am Ende der ersten Zeile angelangt sind: „. . . zu einem Werkzeug . . . deines . . . Friedens." Bis jetzt haben Sie sich voll und ganz auf den Text konzentriert und die Gedanken überhaupt nicht abschweifen lassen. Ausgezeichnet! Aber beim Wort „Friede" meldet der Geist eine Frage an: „Wer ist der Friedensfürst?"

Dies ist eine zutiefst geistige Frage, auf die Sie mit „Jesus Christus" antworten.

„Wissen Sie, wo der Friedensfürst geboren wurde?" entgegnet der Geist ganz schnell.

„Ja, in Bethlehem."

„Haben Sie etwas von Bethlehem-Stahl gehört?"*

Und so geht es los. „O ja, mein Vater besitzt einige Aktien der Hütte."

„So", sagt der Geist, „wie steht der Kurs?"

Eigentlich geht es darum, die Worte des heiligen Franziskus zu meditieren, aber Sie fahren mit diesem absurden Dialog fort. Auf solche Ablenkungen müssen Sie wirklich aufpassen. Lassen Sie Ihre Gedanken nicht vom vorgegebenen Meditationstext abschweifen. Wenn Sie über die Aktienkurse nachdenken wollen, besorgen Sie sich eine Ausgabe des *Wall Street Journal* und studieren Sie

* Der zweitgrößte Stahlkonzern der USA und eines der größten Schiffsbauunternehmen der Welt. Hauptsitz in Bethlehem, Pennsylvanien (Anm. der Übersetzerin).

sie später. Auf keinen Fall sollten Sie während der Meditation versuchen, Fragen zu beantworten oder sich auf irgend etwas anderes – egal, was – einzulassen. Die einzig gültige Strategie bleibt, sich möglichst lange auf den vorliegenden Text zu konzentrieren, was sich zeitweilig als äußerst schwer erweisen wird.

Was ist aber zu tun, wenn der Geist vollständig eigene Wege geht? Beim Fußballspiel sind bekanntlich Strafen ein Teil des Spiels: und bei der Meditation müßte man entsprechend vorgehen, wenn der Geist sich nicht an die Regeln hält. Auch hier muß man sich von Anfang an fair verhalten und die Spielregeln vom ersten Tag an festlegen. Im Klartext heißt dies, daß einer, der vor dem vorgegebenen Text flüchtet, an den Anfang zurückverwiesen wird.

Der Geist wird angesichts dieser Androhung erblassen und eine Zeitlang zögern, ob er gehen soll. Er wird aufstehen und sich umschauen, sich vielleicht sogar in Richtung Ausgang bewegen, aber Sie sollen noch nicht die Strafe verhängen, da der Ausgang noch versperrt ist und der Geist das Spielfeld noch nicht verlassen hat. Solange Sie sich mit dem Text beschäftigen und ihn noch nicht ganz vergessen haben, auch wenn Ihre Aufmerksamkeit etwas abgelenkt wurde, greifen Sie nicht zu einer Strafmaßnahme, sondern steigern Sie Ihre Konzentration.

Wenn jedoch die Tür sich geöffnet hat, wenn der Geist in seinen Sportwagen hineingesprungen und davongebraust ist, wenn Sie sich in einem Bekleidungsgeschäft oder einem Bücherladen oder am Strand finden, handeln Sie sofort. Treten Sie an den Geist heran, klopfen Sie ihm auf die Schulter. Er wird sich wahrscheinlich sofort dukken und sagen: „Du bist wohl wütend auf mich."

Wieder ein Trick dieses Gauners! Was er eigentlich will, ist, daß Sie zornig werden und zu schimpfen beginnen; dann wird er nämlich nicht mehr zum Text zurückkehren müssen. Verlieren Sie nicht die Geduld, und regen Sie sich nicht auf. Sagen Sie in aller Höflichkeit: „Dies ist eine unpassende Zeit, um mich nach einem Bestseller umzuschauen. Hättest du die Güte, in den Raum zurückzukommen, in dem wir über das Gebet des heiligen Franziskus meditieren?" Dann führen Sie den Geist sanft an die erste Zeile zurück: „Herr, mach mich ..." Wenn der Geist bei der zweiten Zeile abgeschweift ist, kehren Sie an den Anfang dieser Zeile zurück. Dies ist zwar eine schwere Aufgabe, aber der Geist wird schnell begreifen, was los ist.

Wenn wir mit unserem Hund Muka auf einem Feldweg spazierengehen, erspäht er manchmal eine Kuh und setzt an, sie zu hetzen. Um dies zu verhindern, rufen wir ihn zurück. Wenn wir ein Stückchen weitergegangen sind, erblickt er wieder eine Kuh und beschleunigt ganz sachte in der Hoffnung, daß wir es nicht merken werden. Wieder muß jemand „Muka!" rufen, und er kehrt zurück. Nach kurzer Zeit zieht wieder etwas seine Aufmerksamkeit an sich, und er geht uns etwas schneller voraus. Dies wiederholt sich ununterbrochen.

So ist es auch mit dem Geist: Er muß immer wieder zurückgerufen werden, wenn er zu streunen beginnt. Auch wenn Sie dies wiederholt tun müssen, ist es keine sinnlose Aktivität, keine vergebliche Mühe. Der heilige Franziskus von Sales erklärt es folgendermaßen: „Hätten Sie in der ganzen Stunde nichts anderes getan, als Ihren Geist zurückzuholen und ihn wieder in die Gegenwart des Herrn zu bringen, auch wenn er jedesmal wieder weggegangen wäre, nachdem Sie ihn zurückgeholt hatten, so wäre die Stunde dennoch sehr nützlich verbracht worden."

Zudem wird Ihr Geist – im Gegensatz zu Muka – dazulernen. Heute werden Sie ihn vielleicht fünfzehnmal, vielleicht dreißigmal zurückrufen müssen, aber in drei

Jahren wird es viel seltener, in sechs Jahren vielleicht ein- oder zweimal und in zehn Jahren gar nicht mehr nötig sein.

Gelegentlich wird Ihr Geist auch den alten Tonbandtrick versuchen. Während Sie den richtigen Wortlaut wiederholen: „Denn wer sich hingibt, der empfängt", taucht die verballhornte Version auf: „Wer zulangt, der empfängt." Wenn dies geschieht, regen Sie sich nicht auf, und versuchen Sie nicht gewaltsam, diese unwillkommene Einblendung auszuschalten. Sie werden vielleicht denken, daß Sie dies mit einer großen Kraftaufwendung fertigbringen. Das würde allerdings lediglich zu einer Verstärkung der ablenkenden Stimme führen, daß sie dadurch gestärkt wird, daß man sich ihr widmet und gegen sie ankämpft. Der beste Weg, den man hier einschlagen kann, ist, sich dem echten Wortlaut des Gebetes noch intensiver zu widmen. Je mehr man sich ihm widmet, desto weniger Raum läßt man der verballhornten Version. Wenn Ihre Aufmerksamkeit ausschließlich dem Gebetstext gilt, können andere Gedanken gar nicht mehr aufkommen.

Wenn Ablenkungen auftauchen, sollten Sie sie einfach ignorieren. Wenn sich Ihnen z. B. die Geräusche Ihrer Umgebung bei der Meditation aufdrängen, so sollten Sie sich noch intensiver auf den Text konzentrieren. Eine Zeitlang werden Sie die vorbeifahrenden Autos noch wahrnehmen, aber eines Tages werden Sie sie gar nicht mehr hören. Als ich nach Berkeley übersiedelte, wohnte ich zunächst in einem alten Wohnblock an einer belebten Straße. Meine Freunde sagten mir, daß es mir dort nie gelingen würde zu meditieren: „Lauter Krankenwagen, Hubschrauber und Rockbands." Bei Anbruch der Dunkelheit setzte ich mich zur Meditation hin und nahm tatsächlich diesen ganzen Lärm fünf Minuten lang wahr. Danach hätte ich ebensogut in einer abgelegenen Ecke der Wüste Gobi sitzen können.

Der Meditationstext

Sie werden sich vielleicht fragen, warum ich einen Gebetstext als Ausgangspunkt für die Meditation vorschlage. Erstens ist er eine Einübung in die Konzentration. Unsere geistigen Kräfte werden meistens zu verstreut eingesetzt, so daß sie relativ unwirksam bleiben. Als Junge hielt ich ein Brennglas so lange über ein Stück Papier, bis die Sonnenstrahlen es entzündeten. Bei der Meditation bündeln wir unsere Gedanken mit der Zeit zu einem Brennpunkt, der alles Nebensächliche durchschneidet.

Zweitens beginnen wir tatsächlich ein Abbild jener Anliegen zu werden, denen wir uns widmen. Bei Menschen, die stets an Geld denken und davon träumen, entwickelt sich ein von Geld, Aktien und Besitz, Gewinn und Verlust geprägter Geist, so daß ihr ganzes Tun und Denken davon gefärbt wird. Ähnlich verhält es sich mit jenen, die ständig an Macht, Rache, Genuß oder Ruhm denken. Aus diesem Grund begann der Buddha sein Dhammapada mit der großartigen Zeile: „Alles, was wir sind, ist das Ergebnis dessen, was wir gedacht haben." Und heute, trotz all unserer Technologie und Wissenschaft, fühlen sich die Menschen äußerst unsicher, weil sie sich an Dinge heften, die ihnen keine Sicherheit zu geben vermögen.

Ein inspirierender Text richtet unsere Gedanken auf Dauerhaftes, auf Dinge, die der Unsicherheit ein Ende setzen. Bei der Meditation prägt sich der Text unserem Bewußtsein ein. Indem wir immer tiefer in ihn eindringen, werden die Worte in uns lebendig und verwandeln all unser Denken und Fühlen, all unsere Worte und Taten.

Deswegen bitte ich Sie, den Wortlaut des Textes nicht zu verbessern oder in irgendeiner Weise zu verändern. So wie er ist, verkörpert er die geistige Weisheit des heiligen

Franziskus. Als Ali Baba in die Höhle der vierzig Räuber eintreten wollte, mußte er die Zauberformel wissen. Er hätte bis in alle Ewigkeit „Naturreis öffne dich“, oder „Müsli öffne dich“ rufen können; nichts wäre geschehen, bis er „Sesam öffne dich“ sagte. Denken Sie über die Worte des heiligen Franziskus nach, und Sie werden feststellen, daß Sie mit dem Geist des Selbstvergessens und mit der Liebe zu schwingen beginnen, die in diesen Worten enthalten sind.

Am Anfang ist nichts dagegen einzuwenden, denselben Text immer wieder zu benutzen, aber im Laufe der Zeit scheinen die Worte an Frische zu verlieren, so daß Sie sich dabei ertappen könnten, sie mechanisch und ohne Sensibilität für ihre Bedeutung zu wiederholen. Ich schlage Ihnen deswegen vor, weitere Texte aus der buddhistischen, der christlichen, der jüdischen, der hinduistischen und der islamischen Tradition auswendig zu lernen, damit Sie über ein abwechslungsreiches Repertoire verfügen. Während Sie sich einen neuen Text einprägen, ist es gut, sich dabei über die Bedeutung seiner Worte und ihre praktische Anwendung auf Ihr persönliches Leben Gedanken zu machen – aber tun Sie dies bitte nicht während der Meditation selbst.

Bei der Textauswahl vergewissern Sie sich, daß der Text wirklich inspiriert, und lassen Sie sich nicht von seiner literarischen Schönheit oder Neuheit hinreißen. Wordworth und Shelley mögen zwar hervorragende Dichter gewesen sein, aber wenn es darum geht, Texte zu suchen, die als Grundlage für eine Umgestaltung Ihres Lebens dienen sollen, möchte ich Ihnen nahelegen, daß Sie sie ausschließlich in den heiligen Schriften oder den Werken der großen Mystiker der Welt suchen sollten. Und vermeiden Sie Texte, die einen negativen Standpunkt einnehmen, die gegenüber unserem Leib, den Fehlern der Vergangenheit oder dem Leben in der Welt einen harschen und mißbilligenden Ton anschlagen. Wir wollen nämlich das Positive an uns, das höhere Ich, hervorrufen; dazu sollten Sie die Texte aussuchen, die uns zu Festigkeit, Mitgefühl und Weisheit bewegen.

Nützlich wäre ein Notizbuch mit Textausschnitten zum Auswendiglernen. Später einmal, wenn Sie sich gut konzentrieren können und eine größere Herausforderung brauchen, wagen Sie sich an ein längeres Werk. Versuchen Sie es z. B. mit der *Upanischadensammlung*, die sich für Meditationszwecke hervorragend eignet. Man muß die Texte sehr aufmerksam lesen, um daraus Nutzen zu ziehen. Wenn dies gutgeht, werden Sie das Gefühl eines geschickten Autofahrers auf einer vielspurigen Autobahn haben, der kaum eine Hand rühren muß.

Einmal fuhr ich mit einem Bekannten ins Gebirge, um an einer Tagung teilzunehmen. Die Straße war sehr kurvenreich, und seine Fahrkünste beeindruckten mich. In Indien hatte ich es erlebt, daß der Fahrer sich bei Haarnadelkurven mit starrer Miene nach vorn beugte und das Lenkrad richtig umklammerte; deswegen war ich überrascht, als mein Bekannter bei jeder Kurve das Lenkrad nur leicht antippte und es von allein auf die Geradestellung zurückkommen ließ.

„Das ist unglaublich", sagte ich. „Wie hast du es um Himmels willen fertiggebracht, das zu lernen?"

Die Antwort war kurz und bündig: „Das Fahrzeug gehorcht mir."

Die Analogie mit einem in der Meditation geschulten Geist liegt auf der Hand. Wenn wir uns auf einen Text vollkommen konzentrieren, gehorcht uns der Geist. Er wird die Kurven genau ausfahren. Wir kennen die Strecke, ihre Kurven und die Abgründe, und wo uns früher bange war, haben wir nun die Genugtuung der Meisterschaft.

Zeit

Die beste Zeit für die Meditation ist frühmorgens. In einem tropischen Land wie Indien bedeutet „früh" eine sehr frühe Stunde, in den traditionellen Ashrams manchmal drei Uhr morgens. In einem milderen Klima dürfte je nach dem persönlichen Tagesablauf eine Zeit zwischen fünf und sechs Uhr morgens angebracht sein. Wenn man den Tag früh beginnt, hat man die Möglichkeit, einen kurzen Spaziergang oder sonstige Körperübungen zu machen, zu meditieren und dann mit der Familie oder mit Freunden gemütlich zu frühstücken. So beginnt der Tag in einer entspannten Atmosphäre.

Die Morgendämmerung bringt Frische und Erneuerung. Die Vögel und andere Tiere wissen es, während wir, die „Krönung der Schöpfung", es nicht mehr zu wissen scheinen. Ich habe einige Studenten gehabt, die wirkliche Spätaufsteher waren; einen davon nahm ich auf den Arm, indem ich ihn fragte: „Haben Sie je einen Sonnenaufgang erlebt?" Er lächelte schüchtern und bekannte: „Ich selbst nicht – aber ein Bekannter von mir hat es einmal getan."

Es mag freilich anfangs zu einem Konflikt kommen, wenn es darum geht, beim ersten Sonnenstrahl das Bett zu verlassen, vor allem wenn das Wetter kalt ist. Ich habe einen einfachen Vorschlag für junge Menschen: Nehmen Sie einen großen Sprung aus dem Bett! Nicht denken – einfach handeln. Um munterer zu werden, könnten Sie einen Kopf- oder Schulterstand oder ein paar Übungen versuchen. Ältere Menschen können natürlich etwas langsamer aus dem Bett kriechen, aber sie sollten so früh aufstehen, wie es annehmbar ist, spätestens um 6 Uhr.

Als große Hilfe beim frühen Aufstehen habe ich es empfunden, mich früh zu Bett zu legen. Damit meine ich nicht bei Sonnenuntergang oder um 20 Uhr, aber 22 Uhr scheint mir eine vernünftige und gesunde Zeit zu sein, um ins Bett zu gehen – ein mittlerer Weg, der Extreme vermeidet.

Wenn ich einen Auftrag meiner Großmutter auszuführen vergaß, fragte sie mich immer: „Hast du jemals dein Frühstück vergessen?“ Ich mußte zugeben, das hatte ich nie, und soviel ich wußte, auch sonst niemand. Schließen Sie einen Handel mit sich: kein Meditieren, kein Frühstück – dann werden Sie das Meditieren nicht vergessen.

Es hilft auch, wenn Sie jeden Morgen zur gleichen Zeit meditieren. Es wird dann zu einem Reflex. Um halb sechs werden Sie ein Zerren am Ärmel spüren, das Sie daran erinnert, aufzustehen und nun mit Ihrer Meditation zu beginnen.

Für Neulinge bei der Meditation ist eine halbe Stunde ein angemessener Zeitraum. Weniger wäre nicht genug; mehr könnte gefährlich sein. Dies möchte ich betonen. Versuchen Sie nicht, Ihre Meditation auf eine Stunde oder noch länger auszudehnen, da eine solche Praxis Sie Gefahren aussetzt.

Welchen Gefahren? Die meisten Menschen verfügen nicht über viel Konzentration; während sie das Meditieren noch lernen, werden sie auf der Oberfläche des Bewußtseins bleiben. Einige hingegen haben eine angeborene Fähigkeit, tief in das Innere einzutauchen. Wenn man jedoch die Oberfläche durchbricht, befindet man sich in einer Welt, für die es keine Landkarte gibt. Sie ähnelt einer Wüste, aber anstatt Sand gibt es dort latente psychologische Neigungen, furchtbar starke Kräfte. Nun stehen Sie ohne Kompaß inmitten dieser riesigen Wüste. Sie haben Kräfte angezapft, mit denen Sie umzugehen noch nicht in der Lage sind, und das kann negative Folgen für Ihr Alltagsleben haben.

Bleiben Sie also bitte bei der halben Stunde in der Frühe, und verlängern Sie die Zeitspanne nicht ohne den

Rat eines erfahrenen Lehrers. Ich selbst ermutige jene, die bei mir meditieren, erst dann zu einer Verlängerung der Meditationszeit, wenn ich mich nach ihrem gewöhnlichen Tagesablauf erkundigt habe und sicher bin, daß sie auch die anderen sieben Stufen dieses Programms üben. Wenn Sie länger meditieren wollen, nehmen Sie sich abends vor dem Schlafengehen eine weitere halbe Stunde.

Jemand kam einmal mit gefurchter Stirn auf mich zu und fragte: „Ich habe meine halbe Stunde heute morgen überschritten. Habe ich meinem Nervensystem einen Schaden zugefügt?"

„Wieviel länger haben Sie gemacht?" fragte ich.

„Fünf Minuten."

Nun, nichts wird passieren, wenn Sie fünf oder sechs Minuten länger meditieren. Aber meditieren Sie nicht fünf Minuten weniger.

Eigentlich ist es am besten, wenn Sie sich bei der Meditation selbst gar nicht um die Zeit kümmern. Immer wenn Sie sich der Zeit bewußt sind, hat sich ein ablenkendes Element eingeschlichen. Nach zwölf Minuten denken manche: „Noch achtzehn Minuten." Andere sehen alle paar Minuten auf die Uhr. Wenn Sie zu meditieren beginnen, vergessen Sie die Zeit. Sie brauchen nicht immer wieder auf die Uhr zu schauen; mit etwas Übung entwickeln Sie ein ganz gutes Zeitgefühl bei der Meditation.

Hat man genügend Zeit für die Meditation, so sorgt man sich schon nicht mehr so sehr, wann es wohl Zeit zum Aufhören sei. Ein weiterer guter Grund für das frühe Aufstehen! Auf diese Weise werden Sie nicht alles so scharf berechnen müssen: neunundzwanzig Minuten für die Meditation, vierzehn Minuten für das Frühstück, acht Minuten, um eine Arbeit abzuschließen, bevor Sie das Haus verlassen – Sie wissen, wie es so kommt. Lassen Sie sich für alle wesentlichen Aktivitäten reichlich Zeit.

Der Meditationsort

Es ist hilfreich, wenn Sie die Möglichkeit haben, ein Zimmer in Ihrem Hause für die Meditation und für nichts anderes zu reservieren, ein Zimmer, das für Sie starke geistige Assoziationen ausstrahlen wird. Bei diesem Vorschlag wenden Leute manchmal ein: „Ein eigener Meditationsraum? Ich habe ja nur ein Zimmer! Wo würde ich schlafen? Wo würde ich meine Kleider aufbewahren?" Nun, wenn kein ganzes Zimmer zur Verfügung steht, reservieren Sie wenigstens eine Ecke. Wie groß oder klein der Platz auch sein mag, benutzen Sie ihn ausschließlich für Meditation. Reden Sie dort nie über Geld oder Besitz oder frivole Dinge; geben Sie sich dort keinen Zornesausbrüchen hin. Langsam wird Ihr Zimmer oder Ihre Ecke heilig werden.

Die heiligen Schriften sagen, daß der Meditationsort ruhig, sauber und kühl sein soll. Ich möchte hinzufügen, daß er auch gut belüftet und nach Möglichkeit lärmfrei sein soll. Wenn es geistliche Führer gibt, die Sie sehr ansprechen – Jesus, Buddha, die heilige Teresa, Sri Ramakrishna –, hängen Sie Bilder von dem einen oder anderen auf. Sonst sollte der Raum sehr einfach ausgestattet und nicht mit Möbeln und sonstigen Gegenständen vollgestopft sein. Die anmutige Schlichtheit des traditionellen japanischen Hauses kann hier als Vorbild dienen.

Manchmal erhalte ich Kataloge, die die notwendige Ausrüstung zur Meditation anbieten. Ich muß ein kosmisches Mandalakissen besitzen, auf einer Pyramide sitzen, darf nur den von der Firma Astral Vision hergestellten Erleuchtungsweihrauch einatmen. Die einzige Ausrüstung, die man bei der Meditation wirklich braucht, ist jedoch der Wille – und den kann man nicht mit der Post bestellen.

Es ist gut, mit anderen zusammen zu meditieren. Im

Idealfall kann die ganze Familie denselben Raum dafür haben und dort zusammen meditieren: Dadurch wird die Beziehung untereinander gestärkt. Es können auch zwei oder drei Freunde morgens und abends zur Meditation in einem Haus zusammenkommen, auch wenn sie nicht alle darin wohnen. Sie erinnern sich an die Worte Jesu: „Wo zwei oder drei in meinem Namen versammelt sind, bin ich mitten unter ihnen."

Körperhaltung

Die richtige Meditationshaltung ist ein aufrechtes Sitzen, wobei die Wirbelsäule, der Nacken und der Kopf eine gerade Linie bilden, und zwar nicht rigide und angespannt, als hätte man einen Ladestock verschluckt, sondern in einer entspannten Aufrechthaltung. Die Hände hält man so, wie es einem bequem vorkommt. Diese Haltung werden Sie als sehr natürlich empfinden.

Wenn Sie auf einem Stuhl mit gerader Rückenlehne sitzen wollen, wählen Sie einen, der auch Armlehnen hat, da Sie dann nicht aus dem Stuhl kippen werden, wenn Sie Ihren Körper vergessen sollten. Sie können aber auch mit übereinandergeschlagenen Beinen auf einem Kissen auf dem Fußboden sitzen. Sie brauchen nicht den klassischen Lotussitz einzunehmen, den die meisten Leute als ziemlich anstrengend empfinden. Die Körperhaltung sollten Sie als bequem empfinden – allerdings nicht als so bequem, daß Ihre Aufmerksamkeit darunter leidet.

Ich möchte Nachdruck auf die Frage der Haltung legen, weil es so leicht ist, dabei nachlässig zu werden. Bei der Meditation entgeht einem nämlich leicht, was der Körper tut, so daß er sich bei manchen Leuten erstaunlich windet und dreht. Auf dem Campus der Universität Berkeley – wo es manch merkwürdige Erscheinung gegeben hat – öffnete ich einmal meine Augen und sah jemanden, der ohne Kopf meditierte. Einen Augenblick lang war ich verblüfft, aber dann wurde mir klar, daß diesem Menschen eine akrobatische Höchstleistung gelungen war, nämlich seinen Kopf über die Rückenlehne seines Stuhles zurückfallen zu lassen. Nach der Meditation kam er auf mich zu und sagte: „Ich habe ein Problem. Ich komme mit der Zeit nicht zurecht." „Mein Lieber", dachte ich mir, „du kommst mit dem Raum nicht zurecht."

Kontrollieren Sie also von Zeit zu Zeit bei der Meditation, ob Ihr Kopf noch am richtigen Ort ist, daß Sie sich nicht drehen, sich nach vorn oder hinten beugen, sich nicht wie ein Fragezeichen krümmen oder sich hin und her wiegen. Vor allem wenn Ihr Geist vom Meditationstext abschweift, wenn Sie schläfrig werden oder in einen tieferen Bewußtseinszustand eintreten, sollten Sie nachprüfen, ob Sie immer noch die richtige Körperhaltung einnehmen.

Die für die Meditation angemessene Kleidung hat mit Mode nichts zu tun. Tragen Sie einfach etwas Lockeres, das Sie weder schwitzen noch frieren läßt. Im Grunde genommen ist alles recht, in dem Sie sich bequem fühlen.

Schläfrigkeit

Ihnen ist vielleicht aufgefallen, wie angespannt man ist, wenn man sich aufregt, und wie entspannend es ist, wenn man sich irgend etwas ganz hingibt. Bei der Meditation ist eine tiefe Konzentration natürlich willkommen, aber sie bringt eine Schwierigkeit mit sich, die uns lange beschäftigen wird: Mit der Entspannung kommt die Neigung zum Einschlafen. Bei zunehmender Konzentration und einer damit einhergehenden Entspannung der Nerven und Muskeln bei der Meditation kann einen bald eine große Müdigkeit überkommen: Ein glückseliger Ausdruck breitet sich über das Gesicht aus, man nickt ein, und somit ist es geschehen.

Nachdem ich mit Freunden zusammen meditiert hatte, teilte mir der Mann, der neben mir saß, vertraulich mit: „Heute abend habe ich eine gute Meditation gehabt." Gut hätte ich sie nun nicht genannt, aber hörbar war sie gewiß. Was er tatsächlich erlebt hatte, war ein fünfundzwanzig Minuten dauernder gesunder Schlaf.

Nun muß ich Ihnen etwas Unangenehmes mitteilen. Sobald die Schlafwelle Sie überkommt, in dem Augenblick, in dem Sie sich äußerst wohl fühlen, müssen Sie sich von der Rückenlehne nach vorn neigen und die Müdigkeitswelle über ihren Kopf hinweggehen lassen. Geben Sie nicht nach. Beim ersten Anzeichen der Müdigkeit richten Sie sich auf, halten Sie Ihre Wirbelsäule ganz senkrecht, und widmen Sie dem Ihnen vorliegenden Text noch größere Aufmerksamkeit. Dies wird kein Vergnügen sein. Aber wenn Sie sagen: „Ich werde noch ein paar Minuten lang diese köstliche Schläfrigkeit genießen und dann ...", werden Sie einige Minuten später nicht mehr dagegen tun können.

Sie werden vielleicht lange gegen den Schlaf ankämpfen müssen, aber wenn Sie nicht sofort Widerstand leisten, sobald eine Ermüdungswelle Sie überkommt, werden Sie in Zukunft auf Probleme stoßen. Später, wenn Sie bei der Meditation in die Tiefe des Bewußtseins stoßen, wird Ihre Aufmerksamkeit nachlassen. Ich habe Menschen gesehen, die mit an die Brust angelehntem Kopf meditierten; wenn es soweit gekommen ist, läßt sich das Problem schwer bewältigen. Wenn es Ihnen jedoch gelingt, von Anfang an bei der Meditation wach zu bleiben, so wird es Ihnen auch gelingen, die Oberfläche zu durchbrechen und ins Unbewußte einzutreten, wo Sie bei vollem Bewußtsein umhergehen können.

Wenn Sie also bei der Meditation ermüden oder wenn die Worte an Klarheit verlieren oder hinwegzuschwimmen scheinen, müssen Sie sich aufrichten. Es kann sein, daß Sie dies immer wieder tun müssen. Wenn es Ihnen dennoch nicht gelingt, die Müdigkeit zu verbannen, öffnen Sie die Augen, und fahren Sie mit dem Text fort, oder wiederholen Sie ein paar Minuten lang das Mantram (vgl. S. 57 ff.). Lassen Sie jedoch die Augen nicht wandern, sonst wird der Geist auch herumschweifen. Es hilft, wenn man die Aufmerksamkeit auf etwas richten kann, das einen nicht von der Meditation ablenken wird, z. B. ein Bild eines großen Mystikers oder eines geistigen Führers, der Sie inspiriert.

Hierbei gehe ich natürlich davon aus, daß Sie in der vorhergehenden Nacht genügend ausschlafen konnten. Wenn dies nicht der Fall ist, wird die Müdigkeit Sie sicher überwältigen.

Das Schlafproblem kann zwar Sorgen bereiten, aber es kann auch beruhigend wirken. Es bedeutet nämlich, daß das Nervensystem sich langsam entspannt, daß das hektische Tempo sich allmählich verlangsamt und daß sich Ihnen neue Herausforderungen stellen.

Körperliche Gefühle

Tiefere Meditation und die sie begleitenden physiologischen Veränderungen verlangen einen Körper, der zu jeder Zeit ausgezeichnet funktioniert. Wir müssen unser Möglichstes tun, um den Körper zu einem guten Verbündeten zu machen. Wir müssen ihm geben, was er braucht: genügend Schlaf in jeder Nacht, gesundes, nahrhaftes Essen in vernünftigen Mengen und viel kräftige Bewegung. Ohne einen Ausgleich zwischen körperlicher Tätigkeit und Meditation kann man z. B. gereizt oder unruhig werden. Bewegung – Joggen, Schwimmen, Klettern, harte Arbeit usw. für junge Menschen und Spazierengehen für fast jedermann – kann einige der Probleme lösen helfen, die entstehen, während man in die Tiefe des Bewußtseins hinabsteigt.

Hier eine Probe der kleinen physischen Belästigungen, auf die Sie bei der Meditation stoßen könnten. Wenn Sie sich hinsetzen, kann Ihr Geist eine ganze Riege davon aufstellen und sagen: „Okay, Jungs, jetzt geht's los! Jeder einzeln antreten!" Dann paradieren die unheimlichen Empfindungen vor einem: Man spürt, wie der linke Fuß anschwillt; man fühlt ein Wesen ganz langsam die Wirbelsäule hinauf und hinunter krabbeln; man empfindet Schwindel, Übelkeit, Jucken, Verspannung oder vermehrten Speichelfluß.

Allgemein gesagt sind diese Gefühle nichts weiter als eine List des Geistes, um sich dagegen zu wehren, unter Kontrolle gebracht zu werden. Er will Sie ablenken und wird zu jedem Trick greifen. Die Boxkampfregeln des Marquis von Queensberry gelten einfach nicht. Wenn Sie einwenden: „Das ist nicht fair", wird der Geist antworten: „Was bedeutet das komische Wort ‚fair'?"

Lassen Sie diese Belästigungen nie zu einem Vorwand werden, Ihre Meditation zu schwänzen. Wenn Sie es tun, wird der Kampf am nächsten Tag schwerer sein, weil der Geist eine Runde gewonnen hat. Wenn seltsame Empfindungen Sie stören, ist es hilfreich,

1. einen kurzen, flotten Spaziergang vor der Meditation zu machen,
2. sicherzustellen, daß der Raum gut belüftet ist,
3. lockere Kleidung zu tragen,
4. viel Bewegung im Laufe des Tages zu halten.

Wenn Ihnen zu heiß ist, schlage ich folgendes vor:

5. übermäßig geheizte Räume und zu warme Bekleidung vermeiden;
6. nichts Stimulierendes zu sich nehmen;
7. nachts bei offenem Fenster schlafen;
8. reichlich Flüssigkeit trinken (Fruchtsäfte und Buttermilch sind besonders nützlich).

Versuchen Sie, nicht lange über diese Körpergefühle nachzudenken, sondern achten Sie mehr auf den Text. Wenn Sie sich besser konzentrieren, werden Sie feststellen, daß diese Ablenkungen verschwinden. Aber wenn Ihnen die Ohren klingen und Sie ihnen einen Klaps geben, werden sie nur noch lauter klingen.

Wenn Sie mit anderen zusammen meditieren, werden Niesen und Husten (sowie ihre Verwandten: Gähnen, Schluckauf, Schniefen und Schnauben) nicht nur Sie, sondern auch andere Menschen tyrannisieren. Einmal geniest, und die Meditation aller kann für eine Zeitlang unterbrochen sein. Tun Sie Ihr Bestes, um diese Ausbrüche der Atemwege auf ein Minimum zu reduzieren und die Stille zu bewahren.

So ist es auch ein rücksichtsvoller, ein geistlicher Akt, den Meditationsraum geräuschlos zu betreten und zu verlassen, damit Sie andere nicht stören. Drücken Sie die Klinke sanft hinunter, gehen Sie auf Zehenspitzen ein und aus, legen Sie Ihr Kissen und, wenn Sie einen haben, Ihren Plaid leise und rücksichtsvoll hin. Und lassen Sie Vorsicht walten, wenn Sie jemanden aus der Meditation herausholen. Tun Sie es nicht ohne dringenden Grund – und wenn Sie ihn wirklich stören müssen, so gehen Sie nicht mit festem Schritt und lauter Stimme auf ihn zu und schütteln Sie ihn auch nicht energisch, da dies dem Nervensystem einen richtigen Schock versetzen kann. Um den Betreffenden auf Ihre Gegenwart aufmerksam zu, machen, wird es wahrscheinlich genügen, ihn so leicht wie ein Vogel anzutippen und ein paar Augenblicke zu warten.

Sie werden vielleicht finden, daß Sie die Stellung Ihrer Arme oder Beine während der Meditation ändern müssen, weil sie einzuschlafen drohen oder ermüden, sich verkrampfen oder verspannen. Natürlich ist es nicht sinnvoll, zu viel nachzugeben und sich bei jedem geringfügigen Gefühl der Unbequemlichkeit zu bewegen, aber es kommt tatsächlich eine Zeit, zu der es angemessen ist, die Stellung zu ändern. Tun Sie auch dies so leise wie möglich und ohne Ihre aufrechte Haltung zu ändern.

Wenn Sie am Ende der Meditationszeit entdecken, daß Ihre Beine eingeschlafen sind, können Sie einige Minuten lang sitzen bleiben und sie leicht massieren, anstatt aufzustehen zu versuchen. Ich würde überhaupt sagen, daß es besser ist – vor allem für Anfänger –, nicht sofort nach der Meditation aufzuspringen, da Ihre Beine eingeschlafen sein können, ohne daß Sie es gemerkt haben.

Gefahren bei der Meditation

Starke Gefühle können während der Meditation aktiviert werden. Gelegentlich wird z. B. jemand Angst davor haben, die Oberfläche des Bewußtseins zu durchbrechen und in eine tiefere Ebene einzudringen. Sollte dies Ihnen passieren, öffnen Sie für ein paar Augenblicke Ihre Augen, und wiederholen Sie das Mantram im Geiste. Dann schließen Sie wieder die Augen, und nehmen Sie sich den Text wieder vor. Wenn die Angst zurückkehrt, wiederholen Sie das Vorgehen. Auch hier ist es oft hilfreich, das Bild eines großen Mystikers in der Nähe zu haben.

Positive Gefühlswellen können den Meditierenden überfluten. Manche Menschen sind dann so gerührt, daß sie weinen. Die reinigende Wirkung solch angestauter Emotionen kann sehr vorteilhaft sein. Wenn man jedoch zu lange dabei verweilt, sich darüber begeistert und hinläuft, um allen darüber zu berichten, kann ein solches Erlebnis zu einem Hindernis werden. Ein großer katholischer Mystiker warnt, daß jene, die sich in diesem Gefühl sonnen, zu Bienen werden können, die sich im eigenen Honig verfangen. Wenn Sie auch während der Gefühlswallungen Ihre Aufmerksamkeit weiterhin auf den Text richten, werden Sie eine unermeßliche Vertiefung Ihrer Meditation erfahren.

Oben habe ich die vom Geist angewandten Tricks und die Ablenkungsstrategien erwähnt. Hier kann ich einen der raffiniertesten Tricks anführen, nämlich die Versuchung durch innere Reize. Sie werden vielleicht Licht, evtl. ein strahlendes Leuchten, sehen und Geräusche hören. Manche lassen sich von so etwas faszinieren; sie lassen sich von den Ausbrüchen von Licht, Farben und Formen hypnotisieren. Sie lassen den Text aus ihrem Griff und legen sich zurück, um die Unterhaltungssendung anzuschauen. Genau das ist es, was der Geist will. Der Showmaster wird endlose Spektakel veranstalten, wenn Sie damit zufrieden sind, sitzenzubleiben und zu gaffen.

Wir können dem herrlichsten innerlichen Feuerwerk zuschauen und im Alltagsleben dennoch ungeduldig sein. Wir können aber auch eine weite Strecke auf dem geistlichen Weg zurücklegen, ohne irgendwelchen dieser Dinge zu begegnen. Was auch immer Sie sehen – Lichter, Striche, Farben, Formen, Gesichter, Bäume –, halten Sie sich also nicht damit auf, ihnen Ihre Aufmerksamkeit zu widmen, sondern konzentrieren Sie sich mehr auf den Text.

In das tiefere Bewußtsein einzutreten, ähnelt dem Abstieg in eine Höhle. Dort gibt es verzaubernde, aber auch furchterregende und sogar verwirrende Erlebnisse. So wie der Höhlenforscher ein Seil benutzt, um sich in die Tiefe abzulassen, seilt sich der Meditierende an den Text an. Egal, was während der Meditation passiert, lassen Sie den Text nicht aus Ihrem Griff! Er wird Sie durch alle Situationen hindurch begleiten. Falls Sie den Wortlaut des Textes eine Sekunde lang aus den Augen verlieren, kehren Sie sofort zu ihm zurück.

Eine letzte Warnung: Versuchen Sie bitte nicht, den Text mit einer physiologischen Funktion wie dem Herzschlag oder dem Atemrhythmus in Verbindung zu bringen. Eine solche Verbindung mag am Anfang nützlich erscheinen, aber sie kann später große Probleme verursachen. Wenn Sie Ihre Aufmerksamkeit voll und ganz dem Text widmen, verlangsamt sich das Atmen von allein, und die Körperfunktionen passen sich entsprechend an, so daß keine Notwendigkeit besteht, sie dazu zu zwingen.

Erneuerung unseres Engagements

Um bei der Meditation Fortschritte zu machen, muß man sie regelmäßig üben. Manche Leute sind anfangs Feuer und Flamme, lassen jedoch das Feuer kalt werden und erlöschen, wenn nach einigen Tagen der Neuheitswert nachläßt und die harte Arbeit einsetzt. Sie fangen an zu kürzen, zu verschieben, sich Ausreden zurechtzulegen, haben vielleicht Schuldgefühle und suchen sich zu entschuldigen. Gerade dann wird unsere Entschlossenheit auf die Probe gestellt, indem wir uns fragen: „Will ich meine Probleme wirklich überwinden? Will ich mein Geburtsrecht auf Freude, Liebe und Seelenruhe in Anspruch nehmen? Will ich den Sinn des Lebens und meines eigenen Lebens entdecken?“

Bei der Meditation gibt es eine einzige Möglichkeit des Versagens: sich nicht regelmäßig daran zu halten. Ein Hindusprichwort sagt: „Laß eine Meditation aus und du brauchst sieben, um das wiedergutzumachen". Der heilige Johannes vom Kreuz hat einen ähnlichen Gedanken zum Ausdruck gebracht: „Wer den Ablauf seiner geistlichen Übungen und seines Gebets unterbricht, gleicht einem Menschen, der einen Vogel aus seiner Hand entweichen läßt; er kann ihn schwer wieder einfangen."

Setzen Sie Ihre Meditation an die erste Stelle, und lassen Sie alles andere zweitrangig sein; Sie werden feststellen, daß alles andere dadurch bereichert wird. Auch wenn Sie sich in einem Düsenflugzeug oder auf dem Krankenlager befinden, lassen Sie sich in Ihrer Meditationspraxis nicht stören. Wenn Sie von privaten Sorgen heimgesucht werden, ist die Meditation um so wichtiger, weil sie das freisetzen wird, was Sie zur Lösung der anstehenden Probleme brauchen.

Um bei der Meditation Fortschritte zu machen, müssen wir nicht nur systematisch vorgehen, sondern auch ehrlich sein. Es nützt nichts sich hinzusetzen und den Geist halbherzig Meditations-Übungen vollziehen zu lassen. Wir müssen unsere Begeisterung und unser Engagement vielmehr tagtäglich neu entfachen und immer unser Bestes geben. Der Erfolg wird jenen beschieden, die bei ihren Bemühungen nicht nachlassen, die laufen, wenn sie nicht rennen können, die kriechen, wenn sie nicht laufen können, die niemals sagen: „Das schaffe ich nicht", sondern stets: „Ich versuche es weiter."

Wenn Sie sich auf den Weg der Meditation begeben – und ich hoffe sehr, daß Sie es tun werden –, folgen Sie bitte sorgfältig den hier angebotenen Anweisungen. Lesen Sie sie immer wieder, bis sie Ihnen vertraut sind. Vielleicht kennen Sie die Empfehlung: „Wenn nichts mehr geht, halten Sie sich an die Anweisungen." Bei der

Meditation können Sie den meisten Schwierigkeiten aus dem Weg gehen, indem Sie sich von Anfang an an die Anweisungen halten. Aus eigener Erfahrung, die von den Mystikern aller Länder bestätigt worden ist, weiß ich, daß man bei der Meditation in ein neues Reich eintritt, bzw. genauer gesagt, daß wir mit offenen Augen und wachem Bewußtsein in ein Reich eintreten, das uns bereits gehört. Um dies ungefährdet und mit sicheren Schritten zu tun, brauchen wir einen Führer. Diesen Führer sollen die vorliegenden Anweisungen bieten.

Sie machen sich auf die außergewöhnlichste Reise, das anstrengendste und zugleich lohnenswerteste Abenteuer, das ein Mensch unternehmen kann. Ich habe nicht zu verheimlichen versucht, daß es schwer – das Schwerste auf der Welt – ist, wenn man lernen will, den Geist zu beherrschen. Aber ich möchte Sie immer daran erinnern, daß das, was Sie suchen, etwas unvergleichlich Herrliches ist, etwas, das in Gedanken und Worten auszudrücken meine Fähigkeiten und die eines jeden Menschen weitaus übersteigt. In meinem Herzen verspüre ich keinen größeren Wunsch, als daß Sie an dieses Ziel gelangen mögen. Ich wünsche Ihnen von Herzen großen Erfolg.

DAS MANTRAM

An Festtagen in Indien sieht man oft einen riesigen Elefanten, der mit einer golddurchwirkten Schabracke aus prachtvollem Stoff geschmückt auf seinem Rücken das Bildnis des Herrn durch das Dorf trägt. Jeder genießt den Anblick: Die Musiker mit ihren Trommeln und Zymbeln an der Spitze, dann das langsam und schwerfällig gehende Tier und hinter ihm die Andächtigen, die sich alle zum Tempel begeben.

Es kann jedoch eine Schwierigkeit geben. Verkaufsstände mit Obst, Gemüse und Süßigkeiten säumen die engen, verwinkelten Straßen, und der Rüssel eines Elefanten bleibt, wie Sie vielleicht wissen, selten still, sondern bewegt sich ständig auf und ab und von einer Seite zur anderen. Wenn also die Prozession an einem Obststand vorbeigeht, greift der Elefant nach ein paar geschälten Kokusnüssen, öffnet sein gähnendes Maul und schleudert sie hinein. Bei einem anderen Stand schlingt der große Kerl seinen Rüssel um ein vom Dach herunterhängendes Bananenbüschel; wieder öffnet sich das Maul, das ganze Büschel fällt mit einem dumpfen Aufschlag darein, man hört ein Schlucken, und die Bananen sind verschwunden.

Die einfachen Leuten, denen diese Stände gehören, können sich diese Art von Verlust nicht leisten; um sie zu verhindern, wird der Elefant von seinem Führer, dem Mahut, gebeten, einen Bambusstamm in seinem Rüssel zu tragen. Obwohl er sich über den Grund nicht im klaren ist, tut der Elefant aus Liebe zu seinem Mahut das, was dieser ihm sagt. Nun kann die Prozession die Straßen sicher passieren. Mit dem Stock aufrecht in seinem reglosen Rüssel schreitet der Elefant voran, ohne in Versuchung zu kommen, sich an Mangos und Melonen zu weiden, weil er etwas hat, an dem er sich festklammern kann.

Der menschliche Geist hat Ähnlichkeiten mit dem Rüssel eines Elefanten. Er ruht nie, sondern geht dahin und dorthin, bewegt sich ununterbrochen unter Empfindungen, Bildern, Gedanken, Hoffnungen, Reuegefühlen, Impulsen. Gelegentlich löst er tatsächlich ein Problem oder trifft notwendige Vorkehrungen, aber die meiste Zeit streunt er frei herum, einfach weil wir nicht wissen, wie wir ihn ruhig halten oder ihn nutzbringend beschäftigen sollen.

Aber was sollten wir ihm geben, woran er sich festklammern kann? Zu diesem Zweck empfehle ich die systematische Wiederholung des Mantram, das den Geist zu jeder Zeit und an jedem Ort zur Ruhe bringen kann.

Was ist ein Mantram?

In letzter Zeit ist das uralte Wort *Mantram* (oder die gängigere Variante *Mantra*) bei Talk Shows und in den Sonntagsbeilagen von Zeitungen ziemlich viel benutzt worden. Für viele wird es vielleicht ein exotisches Bild von wallenden Gewändern, Girlanden und Weihrauch heraufbeschwören. Es mag als etwas Unpraktisches und Jenseitiges, vielleicht als ein wenig magisch und geheimnisvoll erscheinen. In Wirklichkeit trifft das Gegenteil zu. Das Mantram – freilich unter anderen Namen – ist seit Jahrhunderten im Westen bekannt, und nichts Geheimnisvolles oder Okkultes braucht ihm anzuhaften. Das Mantram steht allen offen. Und weil es Herz und Geist zu beruhigen vermag, kann es kaum etwas Praktischeres geben.

Wenn Sie eine vorgefaßte Meinung über den Gebrauch des Mantram haben, bitte ich Sie, diese beiseite zu legen und es selber auszuprobieren. Warum sollte man sich auf die Aussage eines anderen verlassen? Treten Sie in das Labor Ihres Geistes ein, und führen Sie das Experiment aus. Dann werden Sie in der Lage sein, sich selbst ein Urteil zu bilden – und nichts kann überzeugender sein als dies.

Ein Mantram ist eine geistliche Formel von sehr großer Kraft, die über die Jahrhunderte hinweg innerhalb einer religiösen Tradition weitergegeben worden ist. Derjenige, der aus dieser beruhigenden und heilenden Kraft schöpfen will, wiederholt die Worte möglichst oft am Tage still vor sich hin, wobei jede Wiederholung sein physisches und geistiges Wohlergehen steigert. In einem gewissen Sinn ist das alles, was das Mantram ist. In einem anderen Sinn ist es so viel mehr! Jene, die es ausprobiert haben – Heilige, Weise und auch einfache Menschen –, wissen aus eigener Erfahrung um seine wunderbare Kraft.

Einen Hinweis auf das Wirken des Mantram finden wir in der Volksetymologie, die das Wort auf die Wurzeln *man* (Geist) und *tri* (überqueren) zurückzuführen versucht. Das über einen längeren Zeitraum wiederholte Mantram ermöglicht es uns, das Meer des Geistes zu überqueren. Ein treffendes Bild, denn der menschliche Geist hat große Ähnlichkeiten mit einem Meer. Ständig im Wandel begriffen, ist es heute ruhig, morgen aufgewühlt. Furchterregende Lebewesen lauern im Unterbewußtsein – Ängste und Feindseligkeiten, Wünsche und Konflikte. Jeder von uns schwimmt auf der Oberfläche, von Taifunen gebeutelt und von Strömungen angetrieben in einem ruderlosen Boot namens „Ich“. Wenn ein so weites und unwegsames Gewässer vor uns liegt und das ferne Ufer gar nicht in Sicht ist, können wir wohl kaum erwarten, es ohne Hilfe überqueren zu können.

Das Mantrum bietet eine solche Hilfe. Die heiligen Schriften aller Religionen verkünden es als strahlendes Symbol letztgültigen Seins, höchste Wirklichkeit, der wir je nach Herkunft unterschiedlichen Namen geben: Gott, Natur, die Göttliche Mutter, das Klare Licht, universelles Bewußtsein. Wie wir sie nennen, ist kaum von Belang. Was hingegen äußerst wichtig ist, ist, daß wir durch eigene Erfahrung und nicht durch den Intellekt entdecken, daß diese höchste Wirklichkeit im Innersten unseres Wesens ruht. Diese Entdeckung stellt das Ziel unseres Lebens dar, und das Mantram bietet eine immerwährende Erinnerung daran, daß solche Vollkommenheit in uns liegt und darauf wartet, durch unser Denken, unsere Wort und unsere Taten zu fließen.

Was das Mantram vermag

Beim einfachen Akt der Wiederholung des Mantram bringen wir Erstaunliches fertig. Die körperliche Anspannung, Ursache spezifischer Leiden und des allgemeinen Unwohlseins, läßt nach, und wir stellen zu unserer Freude fest, daß wirkliche Gesundheit mehr als ein Nichtvorhandensein von Krankheiten ist. Wir stärken auch unseren Willen, was das Ende von Süchten bedeutet, die uns evtl. jahrelang versklavt haben. Die innere Spaltung wird geheilt, und unsere Zielsetzungen vereinheitlichen sich, so daß wir zu einer wohltuenden Kraft im Leben werden und nicht mehr das sind, was wir alle gelegentlich gewesen sind, nämlich eher eine Last für die Erde. Wir erlangen Zugang zu inneren Ressourcen – Mut, Geduld, Mitleid –, die uns bis dahin verschlossen sind. Dann gedeihen all unsere Beziehungen; wir lieben und werden geliebt. Nach und nach, wenn wir es häufig wiederholen, durchdringt das Mantram unser Bewußtsein und verwandelt es ganz.

Dies ist eine anspruchsvolle Behauptung. Kann ein bloßes Wort all das bewirken? Die Frage ist ganz natürlich. Ich erinnere mich an den Tag, an dem ich einen Vortrag vor meiner Klasse am Gymnasium halten mußte; ich war so aufgeregt darüber, daß ich Angst hatte, meine Knie würden nachgeben. Meine geistliche Lehrerin sagte: „Während du darauf wartest, daß du an die Reihe kommst, grüble nicht über die Zuhörer nach, sondern wiederhole das Mantram." Ich war skeptisch, aber weil ich sie liebte, tat ich, was sie mir empfohlen hatte. Ich erinnere mich noch daran, wie ich: „*Rama, Rama, Rama* . . . hoffentlich funktioniert es!" vor mich hin sagte.

Diese Nervenprobe überstand ich recht gut, so daß ich es bei dem nächsten Vortrag, den ich halten mußte, wieder mit dem Mantram versuchte . . . und immer wieder. Bald kam es dazu, daß ich: „*Rama, Rama* . . . ich glaube, daß es funktioniert!" sagte. Nun, nach langjähriger Übung, *weiß* ich, daß es funktioniert. Ein Arzt aus meinem Bekanntenkreis sagte mir einmal: „Wir wissen gar nicht, wie Aspirin wirkt, aber das hindert es nicht daran, Schmerzen zu lindern." In gleicher Weise kann keine von mir versuchte Erklärung der Wirkungsweise des Mantram eine persönliche Erprobung Ihrerseits ersetzen.

Im täglichen Leben schreiben wir oft alltäglichen Wörtern eine sehr große Macht zu. Denken wir an die Werbung. Ob es um Suppe oder Seife, gesunde Frühstückskost oder Zigaretten geht, die Hersteller kennen die Macht des Wortes und geben jährlich Millionen aus, um unserem Geist einen Werbespruch, einen Slogan oder einen Markennamen einzuprägen. Und die Schlüsselrolle bei einer solchen Kampagne spielt die ständige Wiederholung.

Dieses ununterbrochene Einhämmern schadet uns, weil es uns zum Kauf von Dingen verführt, die wir nicht brauchen, die unseren Körper schwächen können. Aber warum können wir die offensichtliche Wirksamkeit des ständigen Wiederholens nicht zur Förderung unserer Gesundheit und unseres Seelenfriedens einsetzen? Wenn wir nämlich das Mantram wiederholen, geschieht eben dies.

Die Wiederholung des Mantram klingt so einfach, daß die meisten Menschen an seine Wirksamkeit nicht glauben, bis sie es selber versuchen. Die einen halten es z. B. für eine rein mechanische Wiederholung, eine Aufgabe für irgendein Tonbandgerät. Ich selbst hielte eine Reise für die bessere Analogie. Jede Etappe einer Reise ähnelt oberflächlich allen anderen, aber eigentlich ist jede davon insofern einmalig, als sie Sie in ein neues Gebiet führt und Ihrem Ziel näher bringt. Oberflächlich gesehen gleichen sich auch die Wiederholungen des Mantram, aber jede einzelne führt Sie immer tiefer ins Bewußtsein hinein und dem Ziel der Liebe und der frohen Bewußtwerdung immer näher.

Östliche und westliche Mystiker haben sich diesem Einwand gestellt. Mahatma Gandhi schrieb: „Das Mantram wird zum Brot des Lebens und trägt einen durch jede Prüfung hindurch. Es wird nicht um des Wiederholens willen wiederholt, sondern um der Reinigung willen, um die Anstrengung zu unterstützen. (...) Es ist keine leere Wiederholung. Jede Wiederholung hat nämlich einen neuen Sinn und bringt Sie Gott immer näher."

Und in den „Aufrichtigen Erzählungen eines russischen Pilgers", dem bemerkenswerten Bericht eines russischen Bauern über seine geistliche Pilgerfahrt, lesen wir: „Obschon viele Scheingebildete dieses mündliche und häufige Beten ein und desselben Gebets für unnütz, ja gar für kleinlich halten, indem sie es als eine mechanische und sinnlose Beschäftigung einfacher Leute abtun, so kennen sie zum Unglück das Geheimnis nicht, das sich später durch diese mechanische Übung offenbart; sie wissen nicht, wie dieses mündliche, aber häufige Seufzen unmerklich auch vom Herzen mitgetan, nach innen herein vertieft, wie es mit Wonnen erfüllt, wie es gleichsam zur zweiten Natur der Seele wird, sie erleuchtend, sie nährend und zu Gott, zur Vereinigung mit ihm hinführend.“[1]

Das Mantram kann auch nicht als eine Träumerei oder Selbsthypnose, d. h. als Versuch, persönlichen, gesellschaftlichen oder globalen Problemen zu entkommen, bezeichnet werden. Wenn wir unser Bewußtsein umgestalten, damit das Zerstörerische kreativ wird, tragen wir damit unvermeidlich zum Wohl des Ganzen bei. Unsere Sensibilität wird so geschärft, daß wir schließlich nicht mehr an die eigenen Bedürfnisse denken können, ohne zugleich an ihren Zusammenhang mit dem übrigen Leben zu denken.

Das Mantram und Meditation

In dem in diesem Buch dargestellten Programm wird der Gebrauch des Mantram von der Meditation unterschieden. Um zu meditieren, müssen Sie sich hinsetzen, die Augen schließen und den Meditationstext innerhalb eines bestimmten Zeitraums wiederholen. Sie können der Meditation nicht nachgehen, während Sie spazierengehen oder Schlange stehen. Sie können auch nicht auf der Stelle bei ihr Zuflucht suchen, wenn jemand Ihnen gegenüber eine unfreundliche Bemerkung macht oder wenn Sie von einer alten Versuchung belagert werden.

Das Mantram hingegen kann allerorts und zu jeder

1 Aufrichtige Erzählungen eines russischen Pilgers, hrsg. und eingeleitet von Emmanuel Jungclaussen, Freiburg i. Br. [17]1989, S. 205.

Zeit wiederholt werden. Während Meditation Disziplin und Willenskraft erfordert, verlangt das Mantram lediglich die Anstrengung, damit zu beginnen und es fortzuführen. Wichtig ist, daß man es sagt; solange man dies tut, hält die heilende Wirkung an.

Meditation ist, wenn ich mir einen etwas frivolen Vergleich erlauben darf, wie ein Telefonanruf an den Herrn von einem im eigenen Haus installierten Apparat aus. Man kann zwar mit dem Herrn sprechen, aber man muß jeden Tag hart arbeiten, um die Telefonrechnung bezahlen zu können. Aber selbst wenn man kein eigenes Telefon und auch kein Geld hat, kann man dennoch von einer Telefonzelle aus ein R-Gespräch führen: „Herr, ich bin abgebrannt, habe keinen Pfennig, um dieses Gespräch zu bezahlen, aber ich bin ganz verzweifelt." Nach mehreren Anrufversuchen mittels des Mantram wird er schließlich aus seiner Liebe heraus sagen: „Ja, mir ist klar, wie es um dich bestellt ist. Du kannst dich auf mich verlassen." Dabei rufen Sie ohnehin nicht nach auswärts an; der Herr ist Ihr eigenes Ich, und wenn Sie das Mantram benutzen, um ihn anzurufen, setzen Sie tiefe innere Ressourcen frei.

Das Mantram ist für jeden, ungeachtet seines Wohnorts, seines Berufs oder seines Alters, geeignet. Ganz gleich, ob Sie vier akademische Grade errungen oder gar keine Schule besucht haben, ob Sie reich, arm oder etwas dazwischen sind, ob Sie krank oder gesund sind, können Sie das Mantram benutzen.

Einige große Mantrams

Weil das Mantram in erster Linie ein geistliches Werkzeug ist, streife ich hier nur seine eher technischen Aspekte. Man stößt zwar auf sehr gelehrte Theorien, die das Mantram mit Grundschwingungen der Materie und der Energie des Alls in Beziehung bringen, aber hier bemühen wir uns ja um eine Methode zur Veränderung des Lebens und nicht um Spekulationen. Ich bewundere die vor allem in den USA verbreitete Neigung, sich eine Theorie eine Zeitlang anzuhören und dann zu fragen: „Schon gut, aber wann geht's los?"

Bei uns geht es los, indem wir uns einige der Überlieferten großen Mantrams vornehmen. Sie sind in allen Weltreligionen zu finden, was dafür spricht, daß sie die ganze Menschheit ansprechen und sich über die Zeit hinweg bewährt haben.

In der christlichen Tradition wird das Mantram häufig als der „Heilige Name" bezeichnet. Der Name Jesu selbst – *Jesu, Jesus* – ist ein Mantram, das von jedem Menschen wiederholt werden kann, der christusähnlicher, d. h. reich an Weisheit, Gnade und Liebe, werden will. In der orthodoxen Kirche wird das Jesusgebet, *Herr Jesus Christus, Sohn Gottes, erbarme Dich unser*", seit Jahrhunderten in diesem Sinn verwendet, wobei auch eine Kurzfassung, nämlich einfach *„Herr Jesus Christus"* anzutreffen ist.

Katholiken, die seit Jahren das „Ave Maria" regelmäßig beten, wird es vielleicht überraschen, wenn sie hören, daß sie bereits ein Mantram haben – ein wenig wie jener Bürgersmann in einem Stück von Molière, der plötzlich entdeckt, daß er schon immer Prosa spricht. In Indien heißt es, daß eine Mutter sich am Herd beschäftigen wird, solange das Kind im benachbarten Zimmer zufrieden spielt. Wenn aber das Kind am Spielzeug keine Freude mehr hat, es hinwirft und zu weinen beginnt, dann eilt die Mutter sofort hin, um es zu trösten. So ist es auch, wenn wir mit unserem Erwachsenen-Spielzeug zu spielen aufhören und nach der Gottesmutter Maria rufen: Sie wird uns von innen her zu Hilfe eilen.

Juden werden vielleicht das uralte *Barukh attah Adonai*, „Gesegnet bis Du, o Herr", oder das seit fast zwei Jahrhunderten von chassidischen Mystikern ununterbrochen gebrauchte *Ribono shel olam*, „Herr des Alls", benutzen. Im Islam bleibt *Allahu akbar*, „Gott ist groß", eins der beliebtesten Mantrams; ein weiteres ist einfach *Allah, Allah.*

Das von Buddhisten seit Jahrhunderten benutzte *Om mani padme hum* bedeutet „das Juwel im Lotos des Herzens" – ein Hinweis auf den verborgenen göttlichen Funken in jedem Menschen. Hier wird das Herz mit der Lotosblume verglichen, einem Sinnbild, das im Osten ebenso universell wie die Rose im Westen ist. Der Lotos schlägt seine Wurzeln im Schlamm am Boden eines Teichs und läßt seine langen Triebe durch das Wasser hinauf zum Licht wachsen; schließlich kommt er an die klare Luft, wo seine Blätter auf der Oberfläche des Wassers ruhen und seine Blüte sich der Sonne öffnet, um ihr den ganzen Tag zu folgen. So werden wir daran erinnert, daß wir alle, mögen unsere Anfänge noch so unvollkommen sein und mögen wir in der Vergangenheit noch so viele Fehler gemacht haben, unser Herz läutern und in geistlicher Erleuchtung wohnen können.

Unter den vielen aus Indien stammenden Mantrams gehört das einfache *Rama* zu den wirksamsten. Es war das von Mahatma Gandhi benutzte Mantram, mit dessen Hilfe er sich von einem wirkungslosen Rechtsanwalt zu jener unwiderstehlichen Kraft entwickelte, die für seine Heimat die Freiheit errang, und zwar nicht durch Kugeln, nicht durch Haß, sondern mit Wahrheit und Liebe. Das Wort *Rama* geht auf eine Wurzel im Sanskrit zurück, die „frohlocken" bedeutet. Jeder, der dieses Wort wiederholt, ruft die große Freude hervor, die in den Tiefen des Ichs zu suchen ist.

Das Wort *Rama* bildet auch den Kern des Mantram, das ich so oft von meiner eigenen geistlichen Lehrerin hörte, wenn sie ihrer täglichen Arbeit, z. B. beim Kühemelken oder beim Fegen des Hofes mit ihrem Kokosfaserbesen, nachging. Mir scheint, daß dies der süßeste Klang ist, den ich je vernommen habe, und er hallt in meinem Bewußtsein immer noch nach:

Haré Rāma Haré Rāma
Rāma Rāma Haré Haré
Haré Krischna Haré Krischna
Krischna Krischna Haré Haré

Dieses Mantram besteht aus drei heiligen Namen. *Hare* (/ha:'rɛi/ auszusprechen) ist die aus dem Sanskritwort *har* „stehlen“, abgeleitete Bezeichnung Gottes. Was für ein kühnes Bild! Der Herr kann als Dieb bezeichnet werden, als göttlicher Dieb, der unsere Herzen gestohlen hat und den wir ruhelos verfolgen müssen, bis wir ihn einfangen. *Rama* bezeichnet, wie bereits erwähnt, den Herrn als Quell aller Freude. *Krischna* leitet sich von der Wurzel *karsch*, „ziehen“, ab und bezeichnet den, der uns ständig an sich zieht.

Die oben genannten gehören zu den meistverbreiteten und beliebtesten Mantrams der Weltreligionen. Wenn Sie sich für ein bestimmtes Mantram entscheiden, versteht es sich von selbst, daß Sie sich damit nicht auf etwas einlassen, das, wie wir zu Hause sagten, „wie ein Pilz über Nacht aus dem Boden geschossen ist“. Die Wiederholung des Mantram ist vielmehr etwas Altehrwürdiges, Universelles, Erprobtes. Die Praxis ist durch die Erfahrung von Millionen von Menschen über Kontinente und Zeitalter hinweg bestätigt worden.

Die Mantrams haben zwar einen unterschiedlichen Klang und stammen aus verschiedenen Traditionen, aber ihre Wirkung ist im Wesentlichen gleich: Sie wenden uns ab vom Äußeren, das uns unterjocht – von Geld, Gegenständen, Auszeichnungen, Stellen, Genuß, Bequemlichkeit, ichorientierten Beziehungen und Macht – hin zur Gelassenheit und zum Guten, das in uns selbst liegt.

Die Wahl eines Mantram

Seien Sie bitte bei der Wahl eines Mantram vorsichtig. Es wird Sie schließlich lange begleiten. Lassen Sie sich Zeit, überlegen Sie die praktische Bedeutung der Worte, ihren eigenen religiösen Hintergrund sowie ihre persönliche Reaktion. Ein Quantum Selbsterkenntnis ist bei dieser Wahl erforderlich. Manche Menschen haben eine innige Bezeihung zur Jungfrau Maria; für sie wäre das *Ave Maria* als Mantram angebracht. Andere fühlen sich von ihrem heiligen Sohn angesprochen und entscheiden sich dann für das Jesusgebet. Manche Menschen werden andererseits aufgrund einer in ihrer Kindheit erfahrenen Konditionierung eine gleichsam allergische Reaktion gegenüber bestimmten Namen verspüren, auch wenn diese zuweilen aus der eigenen religiösen Tradition stammen. Wenn jemand mir sagt, daß er mit einem bestimmten heiligen Namen nichts anfangen kann, sage ich ihm einfach, daß er etwas anderes suchen soll. Dabei denke ich rein „ökonomisch": Man braucht viel Zeit, um sich ein Mantram innerlich zu eigen zu machen – kann man es sich leisten, ein paar Jahre damit zu verbringen, es mögen zu lernen?

Wenn Sie solche negativen Assoziationen aus Ihrer Kindheit haben, werden Sie vielleicht *Rama* wählen. Leicht zu sagen und wohlklingend, verkörpert es ein Prinzip, das Prinzip der Freude, das jeden unabhängig von seinem Hintergrund anzusprechen vermag. Jenen, die Vorbehalte hinsichtlich des Gebrauchs des Heiligen Namens haben, empfehle ich auch das *Om mani padme hum*, da dieses mit dem barmherzigen Buddha assoziierten Mantram sich gar nicht auf Gott bezieht. Der Ansatz des Buddha ist von Ritual, Theologie und Dogma frei und statt dessen von empirischer Prüfung erfüllt. Er gibt sich keiner metaphysischen Spekulation hin, sondern sagt einfach: „Hier ist das Boot; dort liegt das Ziel am gegenüberliegenden Ufer. Verlassen Sie sich nicht auf meine Aussage über das, was Sie dort finden werden, sondern fahren Sie hin, und stellen Sie es selber fest."

Anfangs wird das von Ihnen gewählte Mantram vielleicht für Ihre Ohren unnatürlich klingen, aber ich versichere Ihnen, daß dies sich bald ändern wird. Nach kurzer Zeit wird das Mantram „greifen", und Sie werden selber merken, wie es Ihr Leben verändert. Diese Dinge übersteigen die Verschiedenartigkeit der Sprachen, und Ihrem höheren Ich, Ihrem wahren Ich, wird es gleich sein, ob Sie Englisch, Arabisch, Latein oder Sanskrit sprechen.

Gelegentlich fragt jemand: „Kann ich mein eigenes Mantram erfinden?" Wie wäre es mit *Friede*? „Friede" ist zwar ein schönes Wort, aber nicht jedes Wort kann als ein Mantram dienen. Ich würde Ihnen dringend empfehlen, ein Mantram zu wählen, das durch langen Gebrauch geheiligt worden ist, ein Mantram, dessen Kraft erwiesen worden ist und vielen Menschen vor Ihnen dazu verholfen hat, die Einheit des Lebens zu erkennen. Die Wurzeln eines solchen Mantram reichen viel tiefer, als wir jemals wissen können, wenn wir es zu gebrauchen beginnen. Diese Tiefe ist es, die es ihm ermöglicht, in unserem Bewußtsein zu wachsen.

Nachdem Sie Ihr Mantram sorgfältig gewählt haben, wechseln Sie es bitte unter keinen Umständen. Viele Menschen lassen sich von Neuheit hinreißen; dies gehört zur Ruhelosigkeit unserer Zeit. Sie werden ein Mantram sechs Wochen lang benutzen und dann seiner überdrüssig werden. Sie wechseln zu einem anderen Mantram, bis sie dessen auch überdrüssig werden. So machen sie mit einem Mantram nach dem anderen weiter und gleichen damit einem Bauern, der immer wieder einen neuen Brunnen zu graben beginnt und auf diese Weise nie Wasser findet.

Ich möchte Ihnen ferner nahelegen, das Mantram auch nicht dann zu wechseln, wenn Sie nicht voranzukommen scheinen, wie es gelegentlich der Fall sein kann. Dies ist lediglich ein Trick des gerissenen Geistes, um Sie vom Weg abzubringen – und zwar meistens gerade deshalb, weil Sie tatsächlich vorankommen und der Geist sich dessen bewußt ist. Gleich was auftaucht und neuer und besser zu sein scheint, graben Sie am Brunnen des gewählten Mantram weiter. Eines Tages werden Sie auf das lebendige Wasser stoßen!

Die Wiederholung des Mantram

Das Mantram wirkt am besten, wenn wir es still im Geiste und möglichst konzentriert wiederholen. Mantrams sind normalerweise rhythmisch, aber wenn man sie singt oder sie rezitiert, wird die Aufmerksamkeit auf die Melodie bzw. den Rhythmus gelenkt, so daß das Mantram selbst nicht mehr im Mittelpunkt steht. Wenn Sie das Mantram ein paarmal laut sprechen, kann dies zwar dazu beitragen, es in Ihrem Geist anlaufen zu lassen, aber im großen und ganzen empfehle ich Ihnen eine stille Wiederholung.

Sie brauchen sich beim Aufsagen des Mantram auch nicht um eine ganz „richtige" Aussprache oder Intonation zu bemühen. Wenn der Herr Sie in jeder beliebigen Sprache anzuhören gewillt ist, wird er Ihre Aussprache bestimmt akzeptieren, gleich, wo Sie herkommen. Was vor allem gilt, ist die Anrufung. Wir wollen uns darauf und nicht auf Nebensächlichkeiten konzentrieren.

Unser Ziel ist es nämlich, das Mantram in die tiefsten Ebenen unseres Bewußtseins dringen zu lassen, wo es nicht als Wort, sondern als heilende Kraft wirkt. Vermeiden Sie also alles, was Sie auf der Oberfläche festhält, sonst gleichen Sie einem Menschen, der mit Schwimmflügeln an den Grund eines Sees zu tauchen versucht. Daher empfehle ich weder das Zählen der Wiederholungen noch den Gebrauch von manuellen Hilfen wie dem Rosenkranz. Auch wenn solche Dinge zunächst hilfreich erscheinen mögen, bindet Sie das Zählen oder die Verfolgung der Tätigkeit der Hände an die physische Ebene und kann zu einer rein mechanischen Wiederholung führen.

Der Versuch, die Wiederholung des Mantram mit physiologischen Vorgängen wie dem Herzschlag oder dem Atmen in einen zeitlichen Gleichklang zu bringen, lenkt auch ab. Es schadet nicht, wenn dies sich von allein einstellt, aber versuchen Sie nicht, es zu erzwingen. Es kann nämlich ziemlich gefährlich sein, einen Eingriff in Lebensfunktionen zu unternehmen, die bereits unbewußt glatt ablaufen.

Jede Gelegenheit wahrnehmen

Der Sinn eines Mantram ist, daß man es möglichst oft wiederholt. Es genügt nicht, wenn man es schön geschrieben an der Wand hängen hat; man muß vielmehr dafür sorgen, daß es zu einem integralen Bestandteil aller Reaktionen, aller Gedanken und aller Gefühle wird. Man muß dabei beharrlich sein. Es fruchtet wenig, wenn man sich nur ein paar Minuten lang dem Mantram widmet und es dann aufgibt.

Manchmal wird gesagt, daß es wichtig sei, das Mantram so und so häufig innerhalb eines bestimmten Zeitraums zu wiederholen. Irgendwelche geistliche Lehrer, die ein monastisches Leben führen, mögen dies vielleicht von ihren Schülern verlangt haben, aber wo wollen wir, die wir in der Welt leben, die Gelegenheit finden, uns eine Stunde oder sogar zwei Stunden lang ununterbrochen dem Mantram zu widmen? Das kann einem gelingen, wenn man Nachtdienst als Mauteinnehmer an einer unbelebten Strecke schiebt oder wenn man in einem Film eine Rolle spielt, die ein mehrstündiges Geschminktwerden erfordert, aber die meisten von uns müssen die Gelegenheit ergreifen, wenn sie sich ergibt.

Über die Jahre hinweg habe ich es gelernt, jede sich anbietende Gelegenheit, sei sie noch so kurz, zu ergreifen, um das Mantram zu wiederholen. Wir können alle flüchtigen Augenblicke dazu benutzen, die sich im Laufe des Tages ergeben, und uns selbst auf die Suche danach machen, wie der Geizhals den Bürgersteig nach Münzen absucht, die jemand zufällig verloren haben könnte. Bekanntlich stoßen wir alle auf solche Zeitlücken, aber die meisten von uns nutzen sie nicht aus. Schauen Sie die Menschen an Bushaltestellen an, die nicht wissen, wie sie ihre Zeit verbringen sollen! Manche rupfen sich an den Ohren oder ziehen sich an den Gelenken; manche starren teilnahmlos die vorbeifahrenden Autos an oder lesen ein Plakat zum elften Mal; andere recken immer wieder den Hals, um nach dem Bus Ausschau zu halten, als könnten sie ihn damit schneller herbeiführen. Und denken Sie an die Leute, die im Theater während der Pause hinauseilen, um eine Zigarette zu rauchen oder um einen Imbiß zu sich zu nehmen, den sie nicht brauchen.

Viele unserer schädlichen Gewohnheiten ergeben sich eigentlich aus Bemühungen, leere Zeiträume auszufüllen. Wenn man die Gesundheitsrisiken des Rauchens und des übermäßigen Essens berücksichtigt, kann man sich ausmalen, wie sehr sich die Leute davor fürchten, nichts zu tun zu haben, und welchen Preis sie zu bezahlen bereit sind, um es zu vermeiden. Das Mantram räumt diese Angst endgültig aus.

Hier zwei Minuten, dort fünf Minuten – alles zählt. Auf dem Blauen Berg in Indien, wo ich meine Kindheit und Jugendzeit verbrachte, hatten die Dorfbewohner keine Mittel, in die nächste Stadt zu fahren; die kleine Bank ließ deswegen einen Jungen im Dorf herumradeln, um die Bewohner zu fragen, ob jemand Geld einzahlen wollte. Für gewöhnlich ging es nur um Kleingeld, aber alles wurde sorgfältig notiert, und am Ende des Jahres kam es vor, daß jemand 50 oder 100 Rupien angespart hatte. So arbeitet das Mantram auch: Es verbucht die Dauereinzahlungen und schüttet zum Schluß Dividenden aus, die jene einer Bank weitaus übertreffen.

Das Mantram erweist sich als fesselnder Begleiter bei der Verrichtung mechanischer Aufgaben. Wir alle müssen Arbeiten erledigen, die keine große Konzentration erfordern – das Haus oder den Laden putzen, Autowaschen, Abspülen, Haarebürsten, Zähneputzen –, und dabei fliehen unsere Gedanken woanders hin, meistens in die Zukunft oder die Vergangenheit. Diese ganze überflüssige geistige Kraft kann auch in das Mantram investiert werden, so daß wir beim Reinigen von Dingen zugleich das Bewußtsein reinigen können.

Mir ist aufgefallen, daß manche Menschen das Autofahren als etwas Automatisches betrachten. Hier steht jedoch das Leben auf dem Spiel, und wir müssen äußerst wachsam sein, um einen Unfall zu vermeiden. Auch bei einem geringen Verkehrsaufkommen kann etwas Unerwartetes eintreten: Man bekommt einen Platten, ein Tier oder ein Kind springt auf die Straße. Wiederholen Sie das Mantram daher bitte nicht, während Sie ein Fahrzeug steuern. Wenn Sie irgendeine leistungsstarke Maschine betreiben oder ein gefährliches Werkzeug wie einen Hobel oder ein Küchenmesser benutzen, konzentrieren Sie sich auf die vorliegende Arbeit.

Es ist erfrischend, die Augen zu schließen und das Mantram vor jeder Mahlzeit mehrmals still zu wiederholen – eine Erinnerung daran, daß die Nahrung eine Gabe

Gottes ist, ein kostbares Geschenk, das uns Energie spendet, die wir weise einsetzen sollen. Wenn Sie das Mittagessen bei der Arbeit einnehmen, so gewinnen Sie durch das Mantram auch den Abstand, der Sie in die Lage versetzt, die Arbeit kurz ruhen zu lassen und die Mahlzeit zu genießen. Es kann sogar vorkommen, daß Sie im Laufe des Tages mehrere Male kurz innehalten, um abzuschalten und das Mantram zu wiederholen. Wenn Sie einer Arbeit nachgehen, die wie das Lesen, das Schreibmaschinenschreiben, das Nähen oder die Ausführung von kleinen Reparaturen eine genauere Konzentration erfordert, können Sie jenes Innehalten auch noch dazu nützen, daß Sie die Augen ausruhen lassen, indem Sie in die Weite blicken.

Tragen Sie das Mantram mit sich, wenn Sie Ihre täglichen Leibesübungen unternehmen. Körperliche Bewegung ist keine Option, kein Luxus, sondern ein Imperativ auf dem geistlichen Weg, wenn wir unser Werk vollbringen wollen. Junge Menschen brauchen körperliche Anstrengungen wie Joggen, Schwimmen und harte Arbeit, die Herz und Lungen beanspruchen. Und fast alle von uns können natürlich spazierengehen, so flott, wie unser Gesundheitszustand es zuläßt. Ich gebrauche hier das Adverb „flott", weil der Körper so angelegt ist, daß er lebhafte Bewegung braucht und so gedeiht; schlagen Sie also ein Tempo ein, das das Blut durch die Venen jagt und die Zellen belebt. Und während Sie Leibesübungen machen, wiederholen Sie das Mantram; damit werden Sie sowohl den Geist als auch den Leib ertüchtigen.

Auch hier sollten Sie nicht darauf warten, eine ganze freie Stunde zu finden; sie wird des möglicherweise gar nicht geben. Statt dessen sollten Sie die Ihnen zur Verfügung stehende Zeit ausnutzen, seien es nur fünf oder zehn Minuten. Anstatt einer Tee- oder Imbißpause versuchen Sie es mit einer Mantram-Pause. Wenn Sie zum Laden, zur Bank, an den Strand oder in den Park, die Treppe hinauf oder hinunter unterwegs sind, begleiten Sie Ihren Weg nach Möglichkeit mit dem Mantram.

Nachts

Benutzen Sie das Mantram vor allem als eine Vorbereitung auf den Schlaf. Wenige von uns sind sich über die Bedeutung der nächtlichen Tätigkeit unseres Geistes im klaren. „Ach," sagen wir, „ich habe schon ein paar Träume, aber ich erinnere mich nicht sehr gut daran." Sie scheinen keine größere Wesenhaftigkeit als vor Jahren gesehene Filme zu haben, und wir tun sie als belanglos ab. In Wirklichkeit existiert in unserem tieferen Bewußtsein ein riesiger Nachrichtenraum, der kurz vor dem Einschlafen mit Meldungen zu summen beginnt, während die Nachtausgabe überall vorbereitet wird. Reporter melden heiße Nachrichten – die Ereignisse des Tages – an die Zentrale. Ein Träger des Pulitzer-Preises reißt einen Sonderbericht über Ressentiments aus seiner Schreibmaschine; er hat den ganzen Tag daran gearbeitet und einen beachtlichen Papierstoß vollgeschrieben. Ein anderer Reporter ruft mit einer „letzten Meldung" an; er hat einige Befürchtungen, was den nächsten Tag betrifft, große Befürchtungen, die unbedingt aufgenommen werden müssen. So wird die Nachtausgabe dort in Ihrem Bett „zur Ruhe gelegt" und erscheint in der Form von Träumen. Eine Sonderausgabe mit sensationellen Schlagzeilen in Riesenlettern erscheint als Alptraum.

Der ganze Wirrwarr des Tages steigt in unserem Geist auf, wenn sich die Zügel des Bewußtseins lockern, und setzt sich im Schlaf fort. Folglich ruhen wir nicht sehr gut. Sind Sie nie unausgeruht aufgestanden, fast so erschöpft wie beim Schlafengehen? Und wenn wir aufregende Bücher und Zeitschriften lesen oder gewalttätige Fernsehsendungen oder Filme vor dem Schlafengehen anschauen, verschlimmern wir die Sache nur.

Deswegen empfehle ich Ihnen eine geistliche Lektüre, bevor Sie das Licht ausschalten. In einem späteren Kapitel werde ich spezifische Werke vorschlagen; hier geht es mir jedoch vorrangig um den Zusammenhang zwischen Ihrer Tätigkeit vor dem Schafengehen und dem Ablauf des Schlafs selbst. Wenn Sie zu lesen aufhören, schließen Sie die Augen, und fangen Sie an, das Mantram – *Rama, Rama, Rama* oder *Jesus, Jesus* – still zu wiederholen, bis Sie dabei einschlafen.

Dies ist nicht so einfach, wie es klingt. Sie werden eine Zeitlang üben und sich anstrengen müssen. Am Anfang kann es sein, daß das Einschlafen dadurch verzögert wird. Manche haben sich beschwert, daß sie durch die Wiederholung des Mantram eine Stunde Schlaf verloren haben. Für mich stellt dies keine Krise dar, und ich antworte meistens: „Herzlichen Glückwunsch! Während Sie das Einschlafen einüben, gewinnen Sie eine zusätzliche Stunde für die Wiederholung des Mantram."

Wenn Sie diese Einstellung beharrlich üben, wird sich Ihre ganze Einstellung gegenüber dem Schlaf ändern. Haben Sie jemals zugesehen, wie Kinder, am Fußende des Bettes stehend, sich ohne einen Blick nach hinten rücklings auf die Matratze werfen, ohne daß dabei Knochen oder das Bett zu Bruch gehen – sie sind ihrer selbst sicher, und es geht alles gut aus. Wenn Sie es gelernt haben, beim Mantram einzuschlafen, werden Sie auch sicher sein, daß alles in Ordnung ist, wenn Sie sich Ihrem Bett nähern. Sie empfinden dann keine Sorge um das, was Ihnen bevorstehen könnte: Werde ich schlafen oder mich ständig drehen; werde ich Alpträume haben, unausgeruht aufwachen? Das Mantram ist ein ideales

Schlafmittel und führt einen erholsamen Schlaf während der ganzen Nacht herbei.

Zwischen dem letzten Augenblick des Wachseins und dem ersten Augenblick des Schlafens erstreckt sich ein Tunnel, der tief ins Bewußtsein eindringt. Die meisten Menschen nehmen diesen subtilen Zustand gar nicht wahr; mit dem Alltagsbewußtsein ist er auch nicht wahrzunehmen. In dem Augenblick des Zwischenzustands zwischen Wachsein und Schlafen eröffnet sich dieser Tunnel, und wenn Sie es gelernt haben, können Sie das Mantram wie einen Ball beim Kegeln in ihn hineinschleudern. Der Erfolg erweist sich dadurch, daß Sie während des Schlafs das Mantram hören und daß das Mantram in Ihrem Bewußtsein weiterhallt, wenn sich ein böser Traum einstellt, und diesen sich vollkommen verflüchtigen läßt. Ein tiefer und friedvoller Schlaf kommt über Sie, und am nächsten Morgen wachen Sie körperlich erfrischt, geistig ausgeruht und im Vertrauen auf die Kraft des Mantram gestärkt auf.

Der Umgang mit Gefühlen

In einem weiteren Zusammenhang ist das Mantram von unermeßlichem Nutzen, nämlich wenn negative Gefühle uns überfluten. Wir machen z. B. eine Bemerkung, und jemand feuert plötzlich eine Schimpftirade zurück. Die normale Reaktion darauf wäre, eine noch unhöflichere Antwort darauf zu geben, die natürlich zu einem Hagel gegenseitiger Beschimpfungen führen würde. Und das würde so lange weitergehen, bis eine Partei etwas zerschlägt oder den Koffer packt.

Anstatt sich auf einen solchen destruktiven Schlagabtausch einzulassen, wiederholen Sie lieber das Mantram. Wenn Sie können, gehen Sie – womöglich in höflicherer

Form, wo nicht, dann ohne höflichere Form – weg und unternehmen Sie einen ausgedehnten, forschen Spaziergang, bei dem Sie das Mantram wiederholen. Gehen Sie sofort weg, sobald Sie merken, daß Sie in Gefahr sind, in eine Auseinandersetzung verstrickt zu werden, und versuchen Sie nicht, vorher eine letzte beißende Bemerkung, einen abschließenden doppeldeutigen Einwand abzugeben. Gehen Sie einfach hinaus, und machen Sie sich auf Ihren Mantram-Weg.

Dabei wirkt nicht nur das Mantram selbst. Der Rhythmus Ihres Schreitens verstärkt werden – und, wenn die Verärgerung nachläßt, auch durch den Rhythmus Ihres Atmens und Ihres Herzschlags. In dieser Harmonie wird Ihr Geist sich langsam beruhigen, und Sie gelangen wieder zu dem kostbaren Abstand, der nötig ist, wenn Sie den Streit richtig beurteilen wollen. Nach und nach werden Sie den Standpunkt des anderen verstehen lernen – und vielleicht merken, unter welchem Streß er steht oder welche Rolle die Konditionierung bei seinen Einstellungen gespielt hat; dann weicht die Feindseligkeit einem Gefühl des Mitleids.

Es wird vielleicht eine Zeitlang dauern, bis Ihre Verärgerung bei einem solchen Spaziergang gewandelt wird – eine halbe oder ganze Stunde, bisweilen noch länger. Ist dies aber kein sinnvoller Einsatz Ihrer Zeit? Sie könnten leicht ebensoviel oder sogar mehr Zeit vergeuden, wenn Sie den Streit weiter austragen; wenn Sie vor Groll weiterkochen, wird der zeitliche Einsatz wohl noch größer sein. Nun kehren Sie jedoch mit einem gewissen Mitgefühl zurück, das der Entfremdung ein Ende machen kann. Oft wird der andere diese Wandlung merken und entsprechend reagieren: Auch er hat nämlich zwischenzeitlich im tiefsten Inneren seines Wesens unter dem Bruch zwischen Ihnen sehr gelitten.

Menschen mit einem Hang zu Psychologie fragen

manchmal: „Befürworten Sie nicht damit eine ungesunde Verdrängung?" Nach meinem Verständnis heißt Verdrängung, daß wir eine Gefühlswelle, z. B. die des Ärgers, in eine Ebene unterhalb der Oberfläche hinabdrängen, wo sie einen destruktiven Einfluß auf unseren Körper ausübt. Heutzutage wird uns versichert, daß es besser ist, negativen Gefühlen freien Lauf zu lassen, mag dies für unsere Umgebung noch so schmerzlich sein, als sie sich in uns aufstauen und stagnieren zu lassen. Das Mantram bietet hier einen dritten Weg, der die immense Kraft, die hinter solchen Gefühlen steckt, in neue Kanäle leitet, um den Geist zu beruhigen und bei Meinungverschiedenheiten ausgleichend zu wirken. In beiden Fällen ist ein Kraftpotential vorhanden: Beim Mantram wird es allerdings für und nicht gegen uns eingesetzt.

Wie ein geübter Ausbilder legt das Mantram der Rastlosigkeit Zügel an. Wir leben in einem Zeitalter rastloser Bewegung, sind ständig unterwegs, wechseln immer wieder Beruf und Wohnsitz. Wenn ich diese ausgeprägte Rastlosigkeit ansehen, schöpfe ich dennoch Hoffnung, weil ich dann weiß, daß die Menschen die Energie besitzen, die sie zu einem spirituellen Wachsen brauchen. Sie können allerdings nicht wachsen, wenn sie ständig unterwegs sind, um sich Sehenswürdigkeiten anzuschauen, einen Schaufensterbummel zu machen oder Orte aufzusuchen, wo angeblich etwas los ist. Dies alles schwächt die Lebenskraft und bringt nichts. Wenn Sie von einer solchen Rastlosigkeit überfallen werden – bzw. von seiner geistigen Entsprechung, die zu zwanghaftem Reden, Lesen und Fernsehen führt –, gehen Sie auf einen Mantramspaziergang oder schreiben Sie Ihr Mantram soundso oft, sagen wir hundertmal oder mehr, hin. Auf diese Weise wird Ihre Lebenskraft konsolidiert und nicht ausgelaugt.

Zur Vermeidung von Depression

Extreme Schwankungen des Geistes, wie die zwischen Hochgefühl und Depression, können durch das Mantram unter Kontrolle gebracht werden. Heutzutage wird das Erregende überall hochgespielt – ein prickelnder Geschmack, ein berauschender neuer Lidschatten, eine atemberaubende Ausstattung von Wohnmobilen –, und überall findet man deprimierte Menschen. Kaum jemand sieht hier einen Zusammenhang. Kaum jemand macht sich klar, daß die alte Weisheit „Hochmut kommt vor dem Fall" auch für den Geist gilt. Wir gehen davon aus, daß wir möglichst viel Anregung und Aufregung nachjagen sollen und daß sie uns, wenn wir Glück haben, immer beschert sein werden. Wenn wir Pech haben, können wir immerhin einen Schluck oder eine Pille zu uns nehmen und es später noch einmal versuchen.

Hier stoßen wir auf einen weitgefächerten Fragenkomplex, auf den ich in einem anderen Buch, „Mantram – Hilfe durch die Kraft des Wortes", näher eingegangen bin. Hier möchte ich lediglich darauf hinweisen, daß unser Verhalten oft gegen ein unumstößliches Prinzip verstößt: Wenn man den Geist durch das Angenehme aus der Fassung bringen läßt, wird er sich zwangsläufig auch durch das Unangenehme aus der Fassung bringen lassen. Äußerlich scheinen das Sichhängenlassen und der zum Boden gerichtete Blick eines depressiven Menschen von der flatterhaften Gestik und dem Schwatzen eines euphorischen Menschen weit entfernt zu sein, aber beiden ist gemeinsam, daß der Geist außer Kontrolle geraten ist.

Mit anderen Worten, die Erregung macht uns für Depressionen anfällig. Wenn ich dies behaupte, überkommt Sie vielleicht das Gefühl, daß ich Ihre Begeisterung dämpfen möchte. Im Gegenteil: Wenn man den Pendelschlag des Geistes reduziert, tritt man in einen ruhigen

Zustand der Wahrnehmung ein, der es einem ermöglicht, den jetzigen Augenblick voll auszukosten.

Sollten Sie also in eine Depression fallen, benutzen Sie das Mantram, um sich davon zu befreien. Noch wichtiger ist allerdings die *Verhinderung der Depression* durch den Gebrauch des Mantram, sobald Sie eine beginnende Erregung merken. Wenn Sie z. B. gelobt werden, lassen Sie sich nicht davon hinreißen, sonst werden Sie sich ebenso sicher über die Kritik aufregen, die im Leben unvermeidlich kommt. Wenn Sie merken, daß Sie über künftige Ereignisse – die Party heute abend, Ihren nächsten Urlaub, Prüfungen, den Ruhestand – nachgrübeln, rufen Sie sich in die Gegenwart zurück, um Enttäuschungen zu vermeiden, falls die künftigen Ereignisse eine unerwartete Wende nehmen. Vor allem benutzen Sie das Mantram, um sich von der Tyrannei starker Neigungen und Abneigungen zu befreien, von all jenen Vorlieben und Aversionen, fixen Ideen und festen Bräuchen, die uns einen Höhenflug bereiten, wenn die Dinge nach unseren Wünschen gehen, und uns zu Boden stürzen lassen, wenn dies nicht der Fall ist. Das Mantram kann uns aus aller Abhängigkeit von äußeren Ereignissen befreien, so daß wir immer fröhlich bleiben können, gleich, was geschieht.

In Krisenzeiten

Das Mantram funktioniert auch wunderbar, wenn Angst und Sorge uns überfallen. Während meines ersten Jahres in den USA freundete ich mich mit einer Handvoll indischer Studenten an, die an der Universität von Minnesota studierten. Eines Nachmittags sagte mir ein sehr begabter junger Mann, daß er am nächsten Vormittag eine Abschlußprüfung in Physik habe und sicher sei, daß er durchfallen würde. Ich fragte ihn, ob er fleißig studiert habe. „Ja," antwortete er, „aber ich weiß, daß ich im kritischen Augenblick alles vergessen werde." Er rang die Hände und sah äußerst niedergeschlagen aus, wie ein Romeo, der sich in der Zelle Pater Lorenzos zu Boden wirft und laut ruft, daß alles verloren ist.

Es war ein eisiger Tag, alles war schneebedeckt, und die meisten Inder mögen die Kälte überhaupt nicht. Aber hier war sofortiges Handeln angezeigt. „Hol bitte deinen Mantel", sagte ich, „und fange an, dein Mantram zu wiederholen. Wir gehen raus."

Das taten wir. Von Zeit zu Zeit wollte er auf die Frage seines bevorstehenden Durchfallens zu sprechen kommen, aber ich sagte nur: „Sprich nicht. Wiederhole das Mantram." Bei dem Spaziergang liefen wir von Minneapolis bis St. Paul, eine Strecke von fast zwanzig Kilometern. Als wir abends heimkehrten, führte ich ihn zu seinem Zimmer im Studentenwohnheim hinauf, öffnete die Tür, gab ihm einen liebevollen Schubs, und er fiel so völlig entspannt auf sein Bett, daß er sofort einschlief. Ich sorgte dafür, daß jemand ihn rechtzeitig wecken würde, und ging weg. Natürlich schnitt er in der Prüfung hervorragend ab.

Das Mantram nahm ihm die Angst, aber es prägte ihm keine einzige physikalischen Formel ein. Dies tat das fleißige Studium. Man kann nicht ein ganzes Semester beim Schachspielen oder beim Plaudern im Campusladen verbringen und dann erwarten, daß das Mantram einen retten wird. Beim Autofahren ist es ähnlich: Das Mantam kann kein Ersatz für gute Reifen und richtig eingestellte Bremsen sein. Wenn man jedoch alles getan hat, was man tun kann, kann das Mantram einen von sinnloser und entkräftender Angst befreien.

Kinder leiden oft unter kleinen Ängsten, und auch sie können das Mantram benutzen, um diese zu lindern. Wenn sie z. B. aus einem Alptraum aufwachen, können wir sie trösten und dann vorschlagen, daß sie das Mantram wiederholen sollen. Göttliche Gestalten wie Krischna und das Jesuskind sprechen Kinder an, so daß sie in jungen Jahren das Aufsagen des Mantram lernen können. Es ist natürlich nicht gut, darauf zu bestehen; man muß den richtigen Zeitpunkt und die richtige Art wählen, sich mit solchen Dingen bekanntzumachen. Aber sogar Vorschulkinder können es sich leicht angewöhnen, vor dem Essen und wenn sie Angst haben, das Mantram zu wiederholen.

Das Mantram vertreibt schmerzhafte Erinnerungen, die in unseren Gedanken herumspuken und uns in die Vergangenheit entführen. Wenn solche Inszenierungen in Form von Ressentiments, verpaßten Gelegenheiten oder Abweisungen erscheinen, können wir sie entkräftigen. Wenn sie nachts, d. h. zu ihrer Lieblingszeit, auftreten, vertreiben Sie sie mit dem Mantram. Mit der Zeit werden Sie eine solche Sicherheit erreichen, daß Sie einem dieser Kerle sagen können: „Ich gebe dir fünf Minuten. Zieh deine Schau ruhig ab." Und der Wächter des Grabes der Zeit schaut Sie durch seine leeren Augenhöhlen an, rasselt mit seinen Schlüsseln und Ketten und öffnet die Tür zur Krypta. Die Erinnerung an eine Freundin, die Sie verlassen hat, kriecht hervor, und da hat man es, dieselbe abgedroschene Vorstellung. Anstatt sich aufzuregen und nach einem Schluck Alkohol, einer Pille oder einem Stück Schokolade zu langen, sitzt man da und schaut zu. Am Schluß klatscht man Beifall und ruft: „Gut gemacht, du alter Gauner!" Und die Erinnerung, furchtbar enttäuscht darüber, daß es ihr nicht gelungen ist, Sie aus der Fassung zu bringen, nimmt Abschied und läßt nie wieder von sich hören.

Wenn Schmerzen sich einstellen, wie es bei jedem Menschen zwangsläufig der Fall sein wird, gibt das Mantram dem Geist etwas, an das er sich festklammern kann.

Es erweist sich bei Krankheiten als besonders nützlich, vor allem bei Menschen, die im Krankenhaus liegen und von Angst- und sogar Zorngefühlen befallen werden, während sie auf der Intensivstation liegen oder vor einem größeren chirurgischen Eingriff stehen. Anstatt „Schmerzen, Schmerzen“ vor sich hinzusagen, was dem physischen Leiden auch noch ein geistiges hinzufügt, sollte man lieber *Jesus, Jesus* oder *Rama, Rama* wiederholen und sich in die Arme dessen werfen, der alles Leid übersteigt. Unter solchen Umständen würde ich nicht zögern, sogar Agnostikern das Mantram vorzuschlagen; sie mögen zwar nicht an Gott glauben, aber wenn Sie ihnen lieb und teuer sind, werden sie evtl. bereit sein, etwas zu probieren, bei dem sie nicht verstehen, wie oder warum es funktioniert.

Wenn Sie von einem starken Gefühl wie Angst oder Zorn heimgesucht werden, kann es Ihnen schwerfallen, sich auf ein langes Mantram zu konzentrieren. In solchen Notfällen empfehle ich Ihnen die Wiederholung einer Kurzfassung, bei der das wichtigste Wort herausgesucht wird: Wenn Sie das Mantram *Hare Rama, Hare Rama* benutzen, wird dies *Rama* sein; wenn Sie das Jesusgebet benutzen, wird es *Jesus* sein. Bei großer Aufregung fällt die Wiederholung eines solchen Kernworts leichter als das Aufsagen des ganzen Mantram.

Das Mantram wiederholt sich selbst

Selbstverständlich steigert sich die Fähigkeit, am Mantram festzuhalten, indem man es übt. Bei den ersten Versuchen ist der Geist nicht geübt, und seine schlaffen Finger bekommen das Mantram nicht fest in den Griff. Sie greifen eher zaghaft und bescheiden zu. Mit der Zeit erstarken die Finger jedoch, und der Geist kann kräftig zupacken, obwohl das Mantram ihnen immer noch gelegentlich entgleitet. Nach langer Übung entwickelt der Geist eine unglaubliche Kraft und ist in der Lage, das Mantram stets im Griff zu behalten.

Wenn man in diesen herrlichen Stand gekommen ist, wiederholt sich das Mantram von selbst ohne jegliche Mühe. Wenn man eine Straße hinuntergeht, auf einen Freund wartet oder gerade einschläft, wird man das Mantram durch das Bewußsein klingen hören. Wenn Sie sich auf irgendeine Aktivität voll konzentrieren – z. B. bei einem Konzert –, wiederholt sich das Mantram auf einer tieferen Ebene, aber wenn es zur Pause kommt, steigt das Mantram auf und macht sich auf der Oberflächenebene bemerkbar.

Im Sanskrit gibt es für diesen Zustand eine genaue Bezeichnung, *ajapajapam*. Die Wurzel *japam* allein bedeutet „die Wiederholung des Mantram, und *a* bedeutet „ohne"; *ajapajapam* bezeichnet also ein *japam*, das ohne seine eigentliche Verrichtung dennoch stattfindet. Hier ist nichts Magisches oder Okkultes im Spiel. Die selbsttätige Wiederholung des Mantram ergibt sich vielmehr aus der jahrelangen Übung, es bei jeder sich anbietenden Gelegenheit beharrlich zu wiederholen. Dieser Zustand läßt sich mit dem eines Menschen vergleichen, der nach jahrelanger, gewissenhaft und zuweilen unter großen Anstrengungen verrichteter Arbeit in den Ruhestand tritt. Nun kommt die Erntezeit, bei der er seine Rente ausbezahlt bekommt, ohne je wieder zur Arbeit antreten zu müssen.

Bei diesem Stadium sagen die Mystiker, daß der Herr selbst zugegen ist und bereitwillig den eigenen Namen als immerwährende Segnung eines treuen Dieners wiederholt. Große Wogen der Freude durchfluten einen Menschen, der in den Genuß einer solchen Gnade kommt, und ein göttliches Licht erleuchtet das ganze Leben. Vor über sechshundert Jahren formulierte Meister Eckhart diesen Zustand folgendermaßen: „Wer Gott im Geist führt, einzig und allein Gott in allen Dingen, der trägt Gott mit sich in all seine Werke und an jeden Ort, und Gott allein vollbringt seine Werke. Er sieht nichts außer Gott, nichts erscheint ihm als gut außer Gott. Er wird in jedem Gedanken mit Gott eins. Sowie keine Vielfalt Gott zerteilen kann, kann nichts einen solchen Menschen zerteilen oder aus ihm mehrere Menschen machen."

VERLANGSAMEN

Als ich vor vielen Jahren im Rahmen eines Fulbright-Programms in die USA kam, warnten mich meine Freunde vor dem hektischen Leben, das ich dort vorfinden würde. Da ich Indien bisher nie verlassen hatte und an das gemächliche Tempo des Dorflebens gewohnt war, hörte ich ihnen höflich, aber ohne viel Verständnis zu.

Ich nahm ein Schiff über den Atlantik und kam in New York an. Dort traute ich meinen Augen nicht! Als ich vom Hafen in die Stadt ging, sah ich Menschen mit Aktentaschen und prallen Einkaufstaschen die Bürgersteige entlangeilen. Männer schoben riesige Kleiderständer auf Rädern, zogen Lebensmittelkarren durch die Straßen, und jedermann schien in furchtbarer Eile zu sein.

Ein paar Tage später erlebte ich zum ersten Mal eine Autobahn; wieder war ich überwältigt. Die Autos schossen vorbei, und einen Augenblick lang dachte ich, daß wohl gerade ein Rennen abgehalten würde. Ich konnte mir nicht vorstellen, warum all die Leute so rasen mußten. Leider mußte ich zugeben, daß meine Freunde in Indien wirklich wußten, wovon sie sprachen.

Dann faßte ich meinen ersten Entschluß in diesem Land: Keiner wird mich dazu bringen, daß ich renne. Ich werde in demselben alten Ochsenkarrentempo von drei, im Notfall vier Meilen pro Stunden laufen. Ich werde das vernünftige und lebensverlängernde Tempo beibehalten, das weltweit in ländlichen Gegenden herrscht. Daran habe ich mich seitdem gehalten, und ich glaube auch, daß ich wie eine Art Bremsblock für das Tempo der Menschen in meiner Umgebung gewirkt habe.

Es wird gesagt, daß das moderne Leben so kompliziert, so geschäftig, so gedrängt geworden ist, daß wir uns beeilen müssen, um einfach zu überleben. Diese Idee brauchen wir nicht uns zu eigen zu machen. Es ist möglich, inmitten einer technologischen Gesellschaft zu leben und ein gemächliches, entspanntes Tempo beizubehalten, auch während man viel und hart arbeitet. Wir haben die Wahl. Wir sind nicht bloß Opfer unserer Umgebung, und wir müssen nicht schnell gehen, einfach weil alle anderen es tun und uns dazu drängen.

Oft fällt es uns vielleicht nicht einmal auf, daß wir uns beeilen. Wenn wir unser ganzes Leben so gelebt haben und in der Gesellschaft von Menschen gewesen sind, die sich beeilen, fällt es uns schwer zu bemerken, wie schnell sich alles bewegt. Welche Vergleichsmöglichkeit haben wir? Schnelligkeit wird zu einer Gewohnheit, von der wir nicht wissen, daß wir sie haben. Mir wurde gesagt, daß Menschen, die neben einer Autobahn wohnen, die Autos nicht mehr hören; vielleicht haben Sie eine ähnliche Erfahrung in der Nähe einer lauten Maschine gemacht. Das Herumgehetze ist damit vergleichbar.

Anfangs beeilt sich unser Körper unter einer uns bewußten Anleitung. Wir rennen eine Treppe hinunter, stürzen in Räume, schlagen Türen zu, d. h. beeilen uns vorwiegend physisch. Mit der Zeit gewöhnen wir uns an das Immerschnellerwerden, und Schnelligkeit bemächtigt sich auch des Geistes. Eine Art zwanghaften Drucks baut sich auf. Nun haben wir ein wirkliches Problem, da es sehr schwer ist, solche Lebensgewohnheiten zu ändern. Ebenso wie ein Auge sein eigenes Funktionieren nicht beobachten kann, ist es einem schnellen Geist nicht möglich, sich die Zeit zu nehmen, um die eigene Schnelligkeit zu erkennen.

Wenn der Geist derart zu surren beginnt, kann man die Kontrolle über das eigene Denken und Handeln verlieren. Meine Frau und ich gingen einmal während der Mittagspause in eine Cafeteria in San Francisco; die dort arbeitenden Mädchen waren so hastig, daß eins davon beinahe den Kopf des Mannes, der neben mir stand, mit einem Teller traf. Sie war nicht in Wut geraten, sie hegte gegen ihn keinen Groll, allein die Schnelligkeit, mit der sie sich bewegte, entnervte sie dermaßen, daß der Tellller ihr aus der Hand flog. Sehr viel Unachtsamkeit resultiert aus Eile, und allerlei Unfälle, die wir gern dem Zufall oder dem Schicksal oder einfach Pech zuschreiben, sind in Wirklichkeit einfache Prozesse von Ursache und Wirkung. Wir sehen die kausalen Zusammenhänge nicht, weil wir uns zu schnell bewegen, um sie zu bemerken.

Auf Touren gebrachte Menschen lassen sich mit Robotern vergleichen. Vielleicht erinnern Sie sich an den aufschlußreichen Film *Modern Times* von Charlie Chaplin. Charlie steht am Montageband in einer Fabrik, wo er acht Stunden lang pro Tag mit seinem Schraubenschlüssel eine Schraube auf dem jeweils vorbeikommenden Stück festdreht. Von Zeit zu Zeit erhöht der Chef die Bandgeschwindigkeit, und der arme Charlie muß noch schneller arbeiten. Den ganzen Tag hindurch macht er die gleiche Armbewegung. Wenn er nach acht Stunden die Fabrik verläßt, kann er damit nicht aufhören. Obwohl er keinen Schraubenschlüssel hat, wiederholt er zum Erstaunen der Passanten die gleiche Geste den ganzen Weg nach Hause. So geht es auf Touren gebrachte Menschen. Sie handeln automatisch und haben dadurch keine Freiheit und keine Wahlmöglichkeit, sondern lediglich Zwänge. Da sie sich keine Zeit nehmen, um über Dinge nachzudenken, verlieren sie allmählich ihre Reflexionsfähigkeit. Wie können wir uns jedoch ohne Reflexion ändern? Wir müssen zuerst in der Lage sein, uns zurückzulehnen, Abstand zu uns selbst zu gewinnen, uns zu prüfen und unsere Verhaltensmuster zu entdecken. Paradoxerweise verharren

Menschen, die sich beeilen, tatsächlich an derselben Stelle.

Langsamkeit und Sensibilität

Wenn wir immer schneller werden, läßt unsere Empfänglichkeit für die Bedürfnisse der Menschen um uns immer mehr nach. Wir werden geistlos, stumpf, unempfänglich. Morgens z. B., wenn wir uns wie eine abgeschossene Rakete bewegen, versagt unsere Wachsamkeit; wir können die Gefühle unserer Kinder oder Partner verletzen, ohne es überhaupt zu merken. Um sich anderer bewußt zu sein, muß man langsam machen und dem Geschehen seine Aufmerksamkeit schenken. Unsere Sinne müssen wach und voll funktionsfähig sein.

Manchmal handeln wir unter dem Antrieb der Schnelligkeit so, als seien keine anderen Menschen da. Wenn wir uns schnell bewegen, erscheinen die Menschen um uns nur verschwommen, wie durch den Nebel flüchtig erblickte Statuen. Unser Geist ist woanders, und wir haben im gegenwärtigen Augenblick gerade noch genug Aufmerksamkeit, um nicht jeden über den Haufen zu rennen – und manchmal nicht einmal so viel! Wir drängeln uns vor, wenn andere nach etwas langen, schieben uns durch die Tür an ihnen vorbei, schalten das Licht beim Verlassen eines Raums aus, obwohl andere noch darin sind, stören sie durch laute Selbstgespräche oder Pfeifen oder Herumpoltern – und all dies, weil wir sie nicht wirklich wahrnehmen. Wir sind in einem schonunglosen Muster des Rasens gefangen und drehen uns mit verbissenen Gesichtern und leeren Augen immer wieder im Kreise. Kein schönes Bild, aber eins, das wir ändern, vollkommen ändern können.

Wir müssen auch daran denken, daß Eile ansteckend

ist. Wenn jemand angeregten Sinnes in einen Raum stürzt, hat dies eine Wirkung auf die Menschen dort. Wenn sie selber nicht sehr gefestigt sind, werden sie sich vom Anblick eines außer Kontrolle geratenen, herumrasenden Menschen nur noch mehr aufregen lassen. Stellen wir uns vor, die ganze Familie sitzt um den Frühstückstisch und genießt ihre Neunkorn-Frühstückskost, und dann kommt die junge Gymnasiastin, die sich bereits für die Schule verspätet hat, hereingebraust. Sie ruft ihrer Mutter zu, daß sie daran denken soll, auf dem Weg zum Supermarkt ihre Schuhe vom Schuster abzuholen. Sie hetzt herum auf der Suche nach einem verlegten Schulheft. Sie verschüttet die Milch, wenn sie sie über ihre Corn-flakes gießen will, die sie im Stehen zu essen versucht. Innerhalb weniger Minuten ist die entspannte Atmosphäre im Zimmer dahin, und alle werden gereizt.

Zum Glück gilt auch das Gegenteil. Wenn ein ausgeglichener und von jeder Hast freier Mensch einen Raum betritt, strahlt er auf alle Anwesenden eine beruhigende Wirkung aus. Auch eine solche Sammlung ist ansteckend. Bis wir lernen, in Freiheit zu handeln, werden sich die meisten vorübergehend von den Menschen ihrer Umgebung beruhigen oder aufregen lassen.

Nicht nur Individuen, sondern sogar Institutionen können unter Zeitdruck das Gespür für die Bedürfnisse anderer verlieren. Mir ist aufgefallen, daß bei einigen Fußgängerüberwegen an großen Straßenkreuzungen die Zeit für Fußgänger zu kurz ist, bevor die Ampel wieder auf Rot schaltet. Behinderte können es einfach nicht schaffen und versuchen es nicht einmal mehr. Ältere Menschen müssen auf halben Weg die Hand hochhalten, um die Autofahrer zu bitten, sie nicht zu überfahren. Kleinkinder brauchen natürlich Zeit, um die Straße zu überqueren, aber hier müssen sie gezogen werden. Was bringt dies alles? Welcher Schaden entsteht, wenn dem

Fußgänger ein paar Sekunden mehr gegönnt werden? Institutionen wie jene, die für die Verkehrsregelung zuständig sind, bestehen aus Individuen; fordern wir sie dazu auf, diesen Trend rückgängig zu machen. Wenn wir es nicht tun, werden sich die Fußgänger vielleicht ändern: Die roten und grünen Männchen werden evt. durch die Befehle „STOPP“ und „RENN“ – vielleicht sogar durch die Aufforderung „SCHNELLER! SCHNELLER!“ – ersetzt werden.

Dieser Ansporn zur Eile hat sich in der ganzen Gesellschaft ausgebreitet. Er hat sogar das Lesen ergriffen. Um den größtmöglichen Nutzen aus einem guten Buch oder Artikel zu gewinnen, müssen wir langsam lesen und aktiv daran teilnehmen, indem wir an das Gelesene Fragen stellen und über die Behauptungen nachdenken. Denken Sie aber an die Reklamen für Schnellkurse, die sogar in angesehenen Zeitungen und Zeitschriften erscheinen. Sie behaupten, einem beibringen zu können, zehn Bücher in derselben Zeit zu lesen, die man bisher für ein einziges gebraucht hat. Welche Art des Lesens wird dies aber sein? Ein Witzbold sagte einmal, daß er nach einem solchen Kurs *Krieg und Frieden* in weniger als einer Stunde las und zum Schluß wußte, daß es bei dem Roman um Russen ging. Ist es nicht viel besser, ein einziges wertvolles Buch mit voller Konzentration zu lesen, darüber nachzudenken und es in sich aufzunehmen?

„Hektitis“

Das Hasten führt zu vielen körperlichen Beschwerden. Probleme mit der Verdauung, mit dem Atmen und mit den Nerven verschwinden oft, wenn man das Lebenstempo verlangsamt.

Nehmen wir das häufig auftretende Zwölffingerdarmgeschwür, das in engem Zusammenhang mit Anspannung und Hetze in Verbindung gebracht worden ist. Es gibt viele Faktoren – ein hoher Magensäurespiegel, Rauchen, Hypertonie, Alkohol, ein hohes Vorkommen bestimmter Hormone –, die in einen klinischen Zusammenhang mit Geschwüren gebracht worden sind, aber ihre jeweilige Wirkung wird durch Hetzen verstärkt. Wir neigen dazu, solche Geschwüre als eine Krankheit, die nur Manager und hochkarätige Mitarbeiter in der Werbebranche befällt, anzusehen, aber kein Beruf bleibt von ihnen verschont – Busfahrer, Polizisten, Lehrer, Bauarbeiter, Athleten, alle können sie bekommen. Ein Arzt versucht, die Schmerzen zu lindern, wie es seine Aufgabe ist, aber etwas anderes ist nötig, nämlich eine vollständige und dauerhafte Umstellung der Lebensgewohnheiten. Der Arzt sollte den Patienten dazu animieren, dies zu verstehen, und ihm helfen, ein anderes Leben zu beginnen.

Wenn der Patient operiert und wieder nach Hause geschickt worden ist, nimmt er häufig sein früheres Tempo wieder auf und versucht sogar, die während seiner Abwesenheit liegengebliebene Arbeit nachzuholen. Wieder tauchen Hindernisse auf, Frustration und Zorn melden sich, eine immer größere Eile folgt, und die Magensäfte fangen an, üppig zu fließen. Das Verdauungssystem ist ein harter Bursche, aber es hat auch seine Grenzen. Es ist an starke Säuren zur Verdauung des Essens gewohnt, aber wenn es durch hohe Dosen davon regelrecht gepökelt wird, entwickelt sich ein neues Geschwür. Nach kurzer Zeit liegt der Patient wieder auf dem Operationstisch. Was für eine unnötige Tragödie!

Mir wurde gesagt, daß die Forschung daran arbeitet, Patienten mit Magengeschwüren über einen längeren Zeitraum, vielleicht wochenlang, in Schlaf zu versetzen, damit sein Geist gewissermaßen ruhiggestellt und sein Körper vom Hetzen abgehalten werden kann. Solche radikalen Maßnahmen mögen zwar zweckdienlich sein, aber ich finde es viel vernünftiger, eine richtige Lösung zu suchen, nämlich an unsere Lebensweise, an die Art und Weise, wie wir denken, fühlen, sprechen und handeln.

Herzanfälle haben auch epidemisches Ausmaß angenommen. Das kommt einem deutlichen Schrei unseres Körpers gleich, daß etwas in unserem Alltagsleben ihn zerstört. Schmerzen, Erkrankungen und eine geschwächte Gesundheit sind von einer wohlwollenden Natur als Warnzeichen gedacht, den Autobahnschildern vergleichbar, die vor falschen Ausfahrten warnen. Ist es uns noch nicht deutlich genug? Wenn wir auf eine so klare Sprache nicht reagieren, sind wir nur selber daran schuld. Leider nehmen wir diese Verantwortung nicht auf uns und rufen beim Auftreten einer Krankheit aus: „Warum ich?"

In einem sehr bedeutsamen Buch, *Type A Behavior and Your Heart*, sagen zwei hochbegabte Herzspezialisten aus San Francisco, Dr. Meyer Friedman und Dr. Ray H. Rosenman, daß es eine bestimmte Art von Persönlichkeit gibt, die zu Herzanfällen neigt. Herzanfälle sind mit bestimmten physischen „Risikofaktoren" wie hohem Blutdruck, einem zu hohen Cholesterinspiegel, dem Rauchen und mangelnder Bewegung in Verbindung gebracht worden, aber in diesem Buch, das auf den Ergebnissen einer über zwanzigjährigen Forschungstätigkeit beruht, wird die Schuld auf den Lebensstil selbst und die dahinterliegende Denkweise zurückgeführt.

„Ernährung und Zigaretten sind zwar die Kugeln," sagen diese Ärzte, „aber das Verhalten ist die Pistole. Sie glauben, daß die Hauptursache von Herzkranzgefäß- und Herzerkrankungen in einem Komplex von emotionalen Reaktionen zu suchen ist, „die bei jedem Menschen zu beobachten sind, der in *aggressiver* Weise einen *chronischen, unablässigen* Kampf führt, immer mehr in immer weniger Zeit zu leisten, und, wenn es erforderlich ist, dies auch gegen das entgegensetzte Bestreben anderer Menschen oder Dinge tut".

Mit anderen Worten: Das distinktive Merkmal einer solchen Persönlichkeit ist das Hetzen. Ein hetzender Mensch, der aggressiv nach Befriedigung und Gewinn jagt, kauft sich einen Herzanfall. Stellen Sie sich Leute vor, die vor einem Kaufhaus auf dem Bürgersteig warten, bis es zum Totalausverkauf aufgemacht wird. Alle möglichen Leute versammeln sich dort und drängeln, um hineinzukommen. Dann öffnen sich die Türen – der arme Angestellte, der sie öffnet, wird gegen die Wand gequetscht – und alle stürzen hinein, dabei lauthals rufend: „Wo sind die Herzanfälle?"

Die oben erwähnten Ärzte haben einige Zeichen und Symptome derjenigen aufgezeichnet, die nach ihrer Erfahrung zu Herzanfällen neigen. Für solche Menschen ist es charakteristisch, daß sie „sich schnell bewegen, schnell laufen und essen". (Ich möchte natürlich hinzufügen, daß sie auch schnell denken.) Sie werden frustiert, sogar zornig, wenn ein vor ihnen fahrendes Auto oder ein vor ihnen gehender Mensch sich zu langsam bewegt. Sie können es nicht ertragen, jemanden bei einer Arbeit zuzusehen, der dafür mehr Zeit braucht, als sie es getan hätten, auch wenn die Arbeit gut verrichtet wird. Das Warten – im Restaurant, am Bankschalter, an der Kasse im Supermarkt – ist für sie eine langsame Tortour. Sogar bei einem Gespräch abzuwarten, bis sie an die Reihe kommen, kann für sie eine Qual sein, und wenn der Gesprächspartner nach Worten sucht, führen sie den Satz schleunigst zu Ende. Nach der Lektüre dieser Liste werden sich wohl viele von uns fragen, wie es dazu kam, daß wir selber dabei Modell gestanden haben.

Der eilige und gehetzte Mensch versucht häufig, zwei Dinge gleichzeitig zu tun. Wenn Sie ihn bei der Arbeit unterbrechen, um ihm eine Frage zu stellen, denkt er an das, was er als nächstes vorhat. Wenn Sie etwas zögern, um die richtigen Worte, eine gefällige und überzeugende Formulierung zu suchen, füllt er die Lücke sofort mit seinen eigenen ungeschliffenen und sachlichen Worten aus. Man hat immer das Gefühl, daß er das Gespräch möglichst bald hinter sich bringen will. Wenn er schwimmen geht – zur Entspannung, wie er behauptet –, bleiben seine Gedanken bei seinen persönlichen und beruflichen Problemen; er wird evtl. dafür gesorgt haben, daß Anrufe an ihn ins Schwimmbad weitervermittelt werden. Das Frühstück versucht er während des Rasierens einzunehmen, falls er überhaupt frühstückt. Während er zum gerade anfahrenden Bus rennt, stopft er seine Papiere in die Aktentasche. Beim Autofahren muß er die neuesten Nachrichten anhören, mag der Verkehr noch so stark sein. Dabei erinnere ich mich an eine Bemerkung von Paul Thoreau, daß die meisten von uns nicht in der Lage sind, sich für eine halbe Stunde hinzulegen, ohne beim Aufwachen sofort zu fragen: „Was gibt's Neues? Wie ist es der Welt ohne mich ergangen?"

Das Konkurrenzdenken

Friedman und Rosenman stellten, wie wir gesehen haben, einen Zusammenhang zwischen der „Hektitis" und dem heute so hochgespielten Konkurrenzdenken fest. Die beiden Ärzte nennen dies „eine von der Gesellschaft akzeptierte – ja oft gepriesene – Konfliktform". Ob von der Gesellschaft akzeptiert oder nicht, jede in einem solchen Geist unternommene Arbeit beeinträchtigt die Gesundheit und nutzt niemandem.

Unter den Kleinanzeigen in Zeitungen findet man oft so oder ähnlich lautende: „Vertreter gesucht. Fähigkeit zu aggressivem Verkaufen Voraussetzung." Mit anderen

Worten, er muß bereit sein, Menschen Waren aufzuschwatzen, die sie entweder nicht brauchen oder nicht haben wollen. Der ganze Einfallsreichtum des Vertreters, der beachtlich sein kann, wird nicht dafür eingesetzt, den Menschen zu dienen, sondern richtet sich auf eine Unterminierung ihres Willens und ihrer Urteilskraft, um den Wunsch nach überflüssigen Waren und Dienstleistungen in ihnen zu erwecken.

Das Wort „aggressiv“ scheint wohl eine zutreffende Bezeichnung zu sein. Während solche Techniken den Umsatz zwar steigern, sollten wir uns dennoch vor Augen halten, daß der Vertreter beim Verkaufen eigentlich selber ein Käufer ist, der ununterbrochen Bestellungen für eine lange Liste von schädlichen physischen und emotionalen Beschwerden einreicht. Seine Aggression richtete sich ebenso gegen ihn selbst wie gegen seine Kunden.

Dieses Konkurrenzdenken beschränkt sich nicht auf das Geldverdienen oder die Aneignung von Macht. Es taucht auch beim Amateursport auf, wo es in erster Linie um Entspannung geht. Zweck ist das Gewinnen und nicht die Spielfreude, und irregeleitete Erwachsene zwingen eine solche Einstellung den Jugendlichen auf, die in Nachwuchsmannschaften spielen.

Manche Menschen gehen einem Hobby ebenso frenetisch nach und müssen unbedingt die größte Sammlung ausländischer Bierdosen der Stadt besitzen. Die „Hektitis“ befällt nach Friedman und Rosenman nicht nur Menschen, die eine große Verantwortung tragen oder wichtige Stellen innehaben; das Konkurrenzdenken erstreckt sich allzuoft auf Nichtigkeiten. Wirkliche Leistungen werden normalerweise eher von jenen vollbracht, „die nicht einfach schnell, sondern weise sind, die nicht feindselig gesonnen, sondern taktvoll sind, die nicht im Konkurrenzkampf bloß wendig, sondern kreativ sind“.

Selbst wenn der Körper des hektischen Menschen von einem Herzanfall oder irgendeiner anderen schweren Krankheit verschont bleibt, was unwahrscheinlich ist, erschöpft er sich viel früher als nötig. Ich bin überzeugt, daß viele der Probleme, die wir jetzt mit dem Alter in Verbindung bringen, ganz und gar vermeidbar sind. Zur Zeit nehmen wir es fraglos hin, daß wir eines Tages senil werden, so daß wir in der Badewanne ausrutschen, an einem Stock gehen oder vollkommen in der Vergangenheit leben werden. Es ist nur eine Frage der Zeit, so denken wir, bis wir allein und hilflos bzw. eine ungewollte Last für andere sein werden.

Ich versichere Ihnen, daß dies nicht der Fall sein muß und daß wir jetzt entsprechende Schritte unternehmen sollen, um das Hetzen zu vermeiden, das die Körperkraft auslaugt.

Wenn wir herumhetzen, läßt unsere Lebenkraft nach; wenn wir gelassen handeln, strahlen wir sogar am Lebensabend Kraft und Schönheit aus. Meine Großmutter war z. B. voller Lebenskraft bis an den Tag, an dem sie in hohem Alter ihren Körper ablegte.

Wie können wir langsamer werden?

Wenn wir Handlungsfreiheit, gute Beziehungen zu anderen Menschen, Gesundheit und Lebenskraft, Gemütsruhe und die Fähigkeit zu wachsen wünschen, so müssen wir lernen, langsamer zu werden. Wir können es uns einfach nicht leisten, den Preis des Hetzens zu bezahlen, mag die Verpackung auch noch so attraktiv sein. Der Preis ist nämlich unser Leben selbst. Wieder fallen mir tiefsinnige Worte Thoreaus ein: „Ich habe keine Zeit zu hetzen."

Es genügt jedoch nicht, dies oder das zu sagen oder den

Spruch „Entschuldigen Sie, daß ich so dicht vor Ihnen herfahre" hinten aufs Auto zu kleben. Es geht vielmehr um ein tiefverwurzeltes Verhaltensmuster und um seit langem bestehende Gewohnheiten. Wir müssen eine Strategie entwickeln, praktische Schritte unternehmen und uns auf einen langen Kampf gefaßt machen, auch wenn der Nutzen schon bei unseren ersten Bemühungen einsetzt.

Rosenman und Friedman haben es sehr optimistisch formuliert: „Wir werden nie und nimmer glauben, daß es zu spät ist, einem solchen Menschen zu helfen, indem man eine der Hauptursachen seiner Beschwerden beseitigt." Sie stellen fest, daß dieses destruktive Verhaltensmuster „seinen Ursprung in der Person selbst, nicht in seiner Umgebung hat, und muß auf dem Terrain des Betroffenen selbst bekämpft werden". *Wir* sind es, die die Verantwortung dafür übernehmen müssen, diese Gewohnheiten zu ändern, das Herunterschalten zu lernen.

Ein praktischer Schritt ist, morgens früh aufzustehen. Wenn Sie das nicht tun, wie wollen Sie es schaffen, nicht in Eile zu sein? Selbstverständlich gibt es verschiedene Dinge, die vor Arbeitsbeginn zu erledigen sind: Sie müssen meditieren, frühstücken, die Zähne putzen usw. Wenn Sie erst um elf aufwachen und dann mit einem Programm des langsamen Vorgehens beginnen, werden Sie natürlich gar keine Arbeit fertigbringen.

Stehen Sie also möglichst früh auf. Auf dem Land ist die Schönheit der frühen Morgenstunden unübertroffen: die Kühle, die besondere Qualität des Lichts, der Tau auf Blumen und Spinnweben, der Gesang der Brise, der Vögel und der ganzen Erde. Auch die Stadt zeigt sich von ihrer besten Seite: Es herrscht relative Stille und eine Verheißung neuer Möglichkeiten. William Wordsworth entdeckte auch in der Großstadt Schönheit am frühen Morgen:

Diese Stadt trägt nun, wie ein Kleid
Die Schönheit des Morgens; still und nackt
Liegen Schiffe, Türme, Kuppeln, Theater und Tempel
Den Feldern, und dem Himmel, offen,
Ganz hell und glänzend in der rauchlosen Luft.

(On Westminster Bridge)

Wenn Sie aufstehen, meditieren Sie zu einer festen Zeit, damit dies fast zu einem Reflex wird. Ebenso wie manche Menschen mittags von Heißhunger befallen werden, wenn sich die Essenszeit nähert, so wird Ihr Geist nach Meditation hungern und eine halbe Stunde brauchen, um diesen Hunger zu stillen. Sie mögen dies vielleicht für eine übertriebene Behauptung halten, aber warum soll die hinter unseren Gewohnheiten liegende Konditionierung sich immer gegen uns auswirken? Wir können uns ebenso trainieren, das, was Körper, Geist und Seele nützt, automatisch zu tun, wie wir jetzt das, was ihnen schadet, allzuoft zwanghaft tun.

Wenn Sie früh aufgestanden sind, werden Sie nach der Meditation Zeit haben, in den Frühstücksraum zu gehen, sich zu Ihrer Familie oder Ihren Freunden zu setzen, ein paar liebevolle Worte zu wechseln, ein paar Witze zu machen und gemütlich zu frühstücken. Um das Essen – oder überhaupt etwas – zu genießen, müssen Sie lernen, langsam vorzugehen. Schauen Sie die vielen Leute an, die das Essen schnell verschlingen und sofort wegeilen. In unserer Nachbarschaft gibt es einen Schnellimbiß mit dem Namen „Eat and Run“ – dort will ich nicht hingehen. Das Herumrennen an sich ist schlimm genug, aber wenn man es nach dem Essen tut, fordert man Verdauungsprobleme geradezu heraus. Ich nehme allerdings an, daß viele Menschen dies tun, da ich gesehen habe, daß Mittel gegen Sodbrennen überall wie Süßigkeiten verkauft werden.

Ich habe nie von einem Restaurant in Indien namens

„Eat and Run“ gehört, aber das moderne Leben hat seinen Stempel dort in anderer Weise hinterlassen. Es gibt da ein interessantes Phänomen, das sich „Eisenbahnessen“ nennt. Ich hoffe, daß Sie nie ein solches „Eisenbahnessen“ erleben müssen. Wenn man in einen Bahnhof einfährt, wird das Essen in den Zug gebracht, und man hat ca. 15 bis 20 Minuten, um es zu verzehren. Der Mann, der das Essen bringt, steht einfach herum und wacht darüber, daß der Teller nicht mit einem weiterreist. Er schaut zu, er wartet, und man weiß, daß er den Teller wegschnappen wird, sobald die Glocke erklingt, ob man mit dem Essen fertig ist oder nicht. Die Menschen essen mit zum Gesicht fliegenden Armen und stopfen, nach jedem Bissen auf die Uhr schauend, noch einen Brocken in den Mund. Das Bewußtsein wird vollkommen zwischen dem Teller und der Uhr geteilt, was nicht gerade zu einem Essensgenuß führt.

Wenn Sie sich in der Früh für ein langsames Vorgehen genug Zeit lassen, werden Sie auch die Zeit haben, sich richtig anzukleiden. In einer indischen Zeitschrift las ich einmal eine preisgekrönte Erzählung über eine Frau, die auf ihre herrliche Sammlung von Ohrringen und überhaupt auf ihr Aussehen übermäßig stolz war. Sie lebte in Bombay, wo es nicht gerade gemächlich zugeht. Eines Tages tauchte diese gutangezogene Dame mit unterschiedlichen Ohrringen in jedem Ohr im Büro auf. Na ja, man hat es eilig, schnappt zwei Ohrringe, ohne sie genau anzusehen, schraubt sie fest – und da hat man es, man erntet Spott im Büro, wenn unter dem einen Ohr ein kleiner blauer Stein und unter dem anderen ein riesengroßer roter pendelt.

Manchmal vergißt man etwas, nicht weil man ein schlechtes Gedächtnis hat, sondern weil man hektisch ist. Wenn Studenten ihre Hausaufgaben abgeben sollen, heißt es: „Ach, ich finde sie nicht!“ – und sie fügen die etwas faule Ausrede hinzu: „Ich muß sie im Auto liegengelassen haben.“ In Wirklichkeit waren sie nicht bei der Sache, als sie in der Früh herumhetzten, um sich zum Aufbruch fertigzumachen. Der auf Hochtouren gebrachte Körper hat eine gewisse Ähnlichkeit mit dem Ihnen bekannten Menschen, aber der Geist ist abwesend. Wenn Sie zur Arbeit, zu Besorgungen, zu einem Ausflug aufbrechen, ist es gut, langsamer zu machen und ein paar Augenblicke damit zu verbringen, in Gedanken zu kontrollieren, ob man alles Nötige dabei hat. Sind Sie nie mit jemandem mitgefahren, der sich nach ein paar Kilometern plötzlich an den Kopf schlägt oder stöhnt, weil ihm einfällt, daß er etwas vergessen hat? Dann muß man entweder umkehren und zurückfahren – wobei die zweite Abfahrt einem immer etwas weniger interessant vorkommt – oder anrufen, um einen komplizierten Plan für das Nachschicken des fehlenden Objektes auszumachen, oder einfach darauf verzichten. Dies alles, weil die betreffende Person „Zeit sparen“ wollte, indem sie einfach aus dem Haus stürzte.

Wieviel besser ist es, rechtzeitig aufzubrechen! So werden Sie nicht im letzten Augenblick ankommen und hineinstürzen müssen, ohne irgend jemanden herzlich zu grüßen. Warum soll man nicht im Büro, im Geschäft oder in der Schule zehn Minuten früher ankommen und herausfinden, was andere machen? Plaudern Sie mit anderen bei der Poststelle oder mit dem Hausmeister, der Ihnen evtl. etwas Interessantes mitzuteilen hat.

Einmal knüpfte ich auf dem Campus der Universität Berkeley ein Gespräch mit einem neben mir stehenden Mann an, indem ich ihn nach seiner Arbeit fragte.

„Ach“, sagte er, „ich bin wichtiger als der Rektor der Universität.“

„Tatsächlich?“ antwortete ich. „Wer sind Sie?“

„Ich bin hier Klempner“, sagte er. „Wenn der Rektor

wegbleibt, läuft alles eine Zeitlang gut. Aber was ist, wenn *ich* mal fehle!"

Wo immer man solche persönlichen Beziehungen aufbaut, stößt man auf freundliche Reaktionen. Der Gesprächspartner wird Verständnis zeigen und Ihnen Zeit schenken, wenn Sie bereit sind, auch ihm Zeit zu schenken.

Herunterschalten bei der Arbeit

Bei der Arbeit versuchen viele Leute, möglichst viele Aufgaben zu erledigen. Anstatt sich auf das Wesentliche zu konzentrieren und das Notwendige langsam und gründlich zu tun, suchen sie nach dem Unwesentlichen und wenden sich solchen Aufgaben zuerst zu.

In Indien gibt es dafür einen Ausdruck, „Das Bemalen der Räder des Ochsenkarrens". Nehmen wir den Fall, Ihr Nachbar im Dorf hat Wichtiges zu tun (Verwandte kommen zu Besuch, am Haus müssen Reparaturen durchgeführt werden); er verkündet feierlich, daß er sich diesen Verpflichtungen widmen will, aber vorher braucht er ein wenig Zeit, um die Räder seines Ochsenkarrens zu verzieren. Die Räder an solchen Karren sind riesengroß, und ein einfaches Bemalen nimmt sehr viel Zeit in Anspruch; wenn er es jedoch vorhat, sie mit bunten, kunstvollen Rechtecken und Verschnörkelungen zu verzieren, kann sich die Arbeit über einen unermeßlichen Zeitraum ausdehnen. So malt er an den Rädern, während wichtige Aufgaben liegenbleiben. In letzter Minute, wenn seine Frau ihn ausdrücklich daran erinnert, wird es ihm klar, daß kein weiteres Hinausschieben möglich ist, und er hetzt sich ab, um das Wichtige zu erledigen, was ihm meistens nicht gelingt.

Durch das Hinausschieben bereiten Sie die Bühne für ein Krisendrama zu einem späteren Zeitpunkt. Wenn Sie den Dingen nicht länger ausweichen können, rasen Sie wild umher – mit schnell fließendem Adrenalin – der Körper gestreßt, der Geist zerstreut – und bringen gerade noch eine mittelmäßige Leistung fertig. Oder Sie verpassen den Termin ganz und müssen Strafen hinnehmen. Ich habe einen Bekannten, der in der Nähe eines Postamts wohnt, das bis Mitternacht offen hat. Am vergangenen 15. April, dem Einsendetermin für Steuererklärungen, rasten die Hinausschieber gegen halb elf Uhr nachts dorthin, um sie abzuschicken. Bald gab es eine sehr lange Autoschlange, und in jedem Auto wartete der Fahrer bange darauf, seinen Umschlag noch termingerecht abstempeln zu lassen. Schließlich wurden sie von einem Mann gerettet, der mit einem großen Karton herauskam und die Straße entlangging, damit alle ihre Umschläge einwerfen konnten. Natürlich gab es viele andere, die ihre Steuererklärungen noch gar nicht fertig hatten und deswegen dem Staat zusätzliche Einnahmen schenken mußten.

Bei der Arbeit wie auch anderswo müssen wir ein kritisches Urteilsvermögen pflegen, damit wir entscheiden können, was wichtig ist, und es dann in einem ruhigen Tempo ausführen können. Eilig oder unter Druck verrichtete Arbeit macht keine Freude, was vielleicht der Grund sein könnte, warum so viele von uns Freude mit Arbeit nicht einmal in Verbindung bringen. Glück erwarten wir nach Feierabend. Aber alle wahrhaft kreativen Menschen wissen, daß es keine scharfe Trennungslinie zwischen Arbeit und anderen Aktivitäten gibt. Die Arbeit sollte uns herausfordern – schwer sein, wenn man so will –, aber dies ist kein Grund, sie nicht befriedigend zu finden. Ganz im Gegenteil.

Aber wo Hetze herrscht, kann es für den Arbeitenden keine Befriedigung geben. Hetze trübt das Urteilsvermögen, und man kommt immer mehr auf Patentlösungen oder Abkürzungen, um Zeit zu sparen, und bietet eine phantasielose, schlampige Leistung. Man schüttet Sachen aus, zerschmettert oder zerreißt sie, durchnäßt sie, zerschlägt oder verbrennt sie – ganz abgesehen von den Verletzungen, sogar schweren Verletzungen, die man sich selbst und anderen zufügt. Langsamer werden bringt hingegen nicht weniger, sondern mehr Effizienz, weil es bedeutet, daß man weniger Fehler machen, weniger Unfälle haben und eine kreativere Arbeit leisten wird.

Während des Tages – nicht nur bei der Arbeit, sondern auch im Postamt, im Restaurant oder in der Bank – können Sie auch gegen das schnelle Tempo anderer angehen. Gute innere Manieren verlangen, daß man den Menschen, die einem helfen, sagt: „Nehmen Sie sich Zeit. Ich habe es nicht eilig." Diesen Dienst können Sie jenen erweisen, die Ihnen dienen, und sie werden sofort darauf reagieren. Ich erinnere mich daran, wie ich einmal zur Weihnachtszeit umgeben von vielen schnaubenden, stampfenden Menschen in einer Schlange bei der Post in Berkeley stand. Als ich zum Schalter kam, sagte ich dem Beamten, daß ich es nicht eilig hätte. Er seufzte, schaute mir direkt in die Augen und dankte mir. Noch mehr: Die Leute hinter mir hörten mich dies sagen und schämten sich über ihre Ungeduld; auch sie begannen sich zu entspannen.

Die Geduld, die wir bei der Arbeit, bei Besorgungen und zu Hause zeigen, ist unsere Versicherung gegen all die qualvollen Beschwerden, die vom Hetzen herrühren. Geduld bringt eine gute Verdauung; Ungeduld bringt eine schlechte Verdauung, evtl. ein Magengeschwür. Geduld bringt langsames, tiefes Atmen; Ungeduld bringt eine schlechte Lungenfunktion und unregelmäßiges Atmen. Geduld bringt einen langsamen, regelmäßigen Pulsschlag; Ungeduld bringt – nun, stellen Sie es selber fest, indem Sie Ihren Pulsschlag messen, wenn Sie sich ärgern. Wenn man geduldig ist, laufen alle Lebensprozesse glatt. Im gegenwärtigen Zusammenhang heißt Geduld, daß man sich im Umgang mit anderen nicht beeilt, sondern ihnen soviel Zeit schenkt, wie es für sie gewinnbringend ist.

Am Ende des Arbeitstags könnten Sie versuchen, die Arbeit etwas früher abzuschließen, damit Sie Zeit haben, Ihre Werkbank oder Ihren Schreibtisch aufzuräumen, das Werkzeug oder die Papiere zu verstauen und das, was sie am nächsten Tag brauchen werden, bereitzulegen. Ich verstehe, daß manche leitende Angestellte das Büro nie verlassen, bis nichts mehr auf dem Schreibtisch liegt. Wir können vielleicht nicht so weit gehen, aber wir *können* einen vollgehäuften, unordentlichen Arbeitsplatz vermeiden, der einen vollgehäuften, unordentlichen Geist andeutet.

Notsituationen

Wenn wir während des Tages ein ruhigeres Tempo einhalten, haben wir größere Aussichten, abends heil nach Hause zu kommen. Sehr viele Autounfälle passieren in der Abenddämmerung, und dafür scheint es einen offensichtlichen Grund zu geben: Wir sind nach einem abgehetzten Tag so ausgelaugt, daß unsere Sinne und unser Geist viel weniger aufmerksam sind. Ruhige Menschen reagieren viel schneller in Notsituationen, da sie das Geschehen wirklich wahrnehmen. Sie erkennen die Zusammenhänge zwischen den Ereignissen besser, bemerken das Entstehen einer Notsituation; die Sicht des gehetzten Menschen hingegen ist verschwommen.

Vor einigen Jahren saß ich auf dem Hintersitz eines Autos auf der Autobahn, als eine Tür plötzlich aufflog und das danebensitzende Mädchen in Gefahr brachte. Glücklicherweise gelang es mir, nach vorne zu greifen und sie an der Schulter zu packen, bevor sie und die anderen Insassen richtig merkten, was passiert war. Ich führe dies nicht auf eine angeborene Reaktionsfähigkeit, sondern auf die Praxis des Langsamerwerdens zurück, das gelegentlich Leben retten kann.

Der besonnene Mensch handelt rasch in Notsituationen, die dies erfordern, und ansonsten mit größerer Gelassenheit. In jedem Fall wird die Reaktion angemessen und eine frei Entscheidung, d. h. nicht zwanghaft, sein. Ein solcher Mensch steht im Kontrast zu zwei Extremtypen.

Einerseits gibt es jene Menschen, die in der Hoffnung, dadurch effizienter zu sein, ständig hetzen. Wie wir gesehen haben, verfehlen sie ihr Ziel. Irgend etwas Dringendes, irgendein Notfall ist für sie ständig auf der Tagesordnung, so daß sie so überfordert sind, daß sie nicht in der Lage sind, auf eine wirkliche Notsituation zu reagieren, wenn sie auftritt.

Andererseits gibt es Menschen, die unfähig sind, schnell zu handeln, auch wenn die Situation es erfordert. Anstatt einen ordentlichen, flotten Spaziergang zu unternehmen, um ihre Körpermuskulatur zu trainieren, schlendern sie dahin und verlieren sich dabei oft in ihren Gedanken. Es kommt vor, daß sie es gar nicht merken, wenn eine Krise aufgetreten ist, weil sie sich so sehr mit sich selbst beschäftigen. Dies ist nicht, was ich unter Herunterschalten verstehe.

Am Feierabend

Wenn wir nach getaner Arbeit wieder zu Hause sind, freuen sich die meisten von uns auf einen entspannenden Abend mit Familie und Freunden. Um eine solche Entspannung zu genießen, muß man von der Arbeit abschalten können, d. h. sie geistig fallenlassen können, sobald man es will. Wenn man den ganzen Tag herumhetzt, wird man anschließend so in die Arbeit verstrickt und so angespannt sein, daß man nicht einfach loslassen kann. Während bestimmte Umstände es von Zeit zu Zeit erforderlich machen, daß man Arbeit mit nach Hause bringt, ist dies etwas ganz anderes, als die Arbeit am Arbeitsplatz zu hinterlassen und die Gedanken daran mit nach Hause zu bringen, indem man über das Geschehene nachgrübelt und sich über das am nächsten Tage Bevorstehende Sorgen macht.

Denken Sie an Ihre Arbeit wie an das Tragen eines Gewandes. Sie gehen zur Arbeit, ziehen Ihren Berufskittel als Bibliothekar, Brunnenbohrer, Stadtplaner, Drucker, usw. an und geben sich acht Stunden lang voll und ganz Ihrem Beruf hin. Aber am Ende des Arbeitstages ziehen Sie diesen Kittel wieder aus und hängen ihn an einen Haken; Sie stopfen nicht einen Ärmel in Ihre Hosen- oder Handtasche und schleppen den Rest den ganzen Abend bzw. das ganze Wochenende hinter sich her. Konzentriert zu arbeiten und die Arbeit dann fallenzulassen, sobald man es will, ist eine Fertigkeit, die eingeübt werden kann. Wenn Sie ein solches Abschalten nicht erlernen, werden Sie von der Arbeit so erdrückt werden, wie der Alte Mann des Meeres Sinbad den Meeresfahrer erdrückte, indem er ihn, auf seinem Nacken sitzend, mit seinen knöchrigen Beinen zermalmte.

Wenn Sie nach einem Arbeitstag ohne Hetzen nach Hause kommen, um sich wieder zu Familie und Freunden zu gesellen, werden Sie in der Lage sein, sich ihnen ausgiebig zu widmen. Wenn Sie durch die Tür treten, werden Sie vielleicht feststellen, vor allem wenn Sie Kinder haben, daß sich einige besorgniserregende Situationen ergeben haben. Weil Sie jedoch mit Ihrer Lebenskraft weise umgegangen sind, werden Sie auch nach einem vollen Arbeitstag genügend Geduld bewahrt haben, um diese häuslichen Schwierigkeiten zu schlichten.

Gewöhnlich kommen die Leute nach Hause und sagen: „Laß mich damit in Frieden! Ich habe heute genug geschuftet." Aber auch wenn der Arbeitgeber nur acht Arbeitsstunden verlangt, ist das Leben launisch und stellt höhere Ansprüche, denen gerecht zu werden wir bereit sein müssen. Sehen Sie, wie verwundbar wir werden, wenn wir darauf bestehen, daß alles nach unseren Wünschen geht, wenn wir nach Hause kommen? Jedesmal, wenn etwas nicht glattgeht, was häufig vorkommen kann, werden wir frustriert und ärgern uns. Damit stellen wir eigentlich den Anspruch an das Leben: „Bitte, bitte, laß alles so sein, wie ich es gerne hätte – viel Ruhe und ein erfrischendes Getränk, meine Pantoffeln, die Zeitung und ein Ruhesessel, die für mich bereitstehen. Bitte keine Schwierigkeiten ... du weißt, daß ich sie nicht packe."

Bisher habe ich von Menschen gesprochen, die ihren Arbeitstag außerhalb des Hauses verbringen, aber vieles trifft auch für jene zu, die zu Hause bleiben. Dort ist es ebenso wichtig, ein langsames Arbeitstempo einzuschlagen und sein Urteilsvermögen bei der Erledigung von Aufgaben walten zu lassen; man muß auch dort die Arbeit organisieren und zu gegebener Zeit davon abschalten können; auch hier ist es erforderlich, sich gegenüber den Menschen, mit denen man zu tun hat, geduldig und rücksichtsvoll zu erweisen, ganz gleich, ob es sich um jene handelt, die wie Kinder und alte Menschen bei uns zu Hause bleiben, oder um Menschen, die, evtl. sorgenbeladen, nach einem Arbeitstag nach Hause zurückkehren.

In meinem Heimatstaat Kerala gibt es eine schöne Tradition: In der Abenddämmerung zündet die Frau des Hauses eine Lampe an – für gewöhnlich eine Messinglampe mit einem in Kokosnußöl schwimmenden Docht – und geht damit von einem Familienmitglied zum anderen, zum Zeichen der Einheit aller. Ich möchte behaupten, daß jede Frau auch ohne ein Kokosnußlicht durch ihre Liebe ein strahlendes Licht im eigenen Heim sein kann.

Wenn Sie abends mit Ihren Lieben wieder zusammen sind, sind Hetze und Anspannung völlig fehl am Platz. Seien wir entspannt und bereit, auf alle einzugehen. Wenn die Kinder Ihre Aufmerksamkeit brauchen, hören Sie vergnügt zu, und zwar nicht mit halber, sondern mit ganzer Konzentration; Sie werden es als belebend empfinden, die Welt, Ihre Welt, durch die Augen eines Kindes zu sehen. Manche Menschen hetzen so sehr, daß sie am Ende des Tages diese Gelegenheit verpassen. Da sie noch viel zu erledigen hoffen, regen sie sich leicht auf und versuchen ihre Kinder zum Schweigen zu bringen oder flehen sie an: „Kannst du dich nicht beeilen?“ Was für ein Segen, daß unsere Kinder keinen Hang zu Eile haben! Dies gehört zu den Dingen, die sie uns beibringen können. So können wir sie nach den Ereignissen des Tages fragen, erfahren, was in der Schule los war, sie bitten, den großen Bericht, den sie über die Hauptimporte und -exporte Paraguays gehalten haben, noch einmal zu wiederholen – zwar kein besonders anregendes Thema, aber die Liebe, die wir beim Zuhören empfinden, verwandelt es ganz. Wenn Kinder in dieser Weise Teil unseres Lebens sind, werden sie keine Lust verspüren, auszugehen und Dinge zu unternehmen, die ihnen schaden.

Menschen, die behaupten, sie beeilten sich bei der Arbeit, um mehr Freizeit zu gewinnen, sollte man nicht ernst nehmen. Nach meiner Erfahrung wissen viele von ihnen nicht, wie sie mit ihrer Freizeit umgehen sollen. Sie sind nach Aufregung und übertriebener äußerer Anregung süchtig. Manche schauen sich den neuen Teufels- oder Katastrophenfilm an, der ihren Blutdruck mit Sicherheit in die Höhe schießen lassen und sie aus dem Alltagstrott herausreißen wird. Andere verbringen einen abend in irgendeinem Nachtlokal, wo das klare Denken bei Cocktails und ohrenbetäubender Musik ausgeschaltet wird. Wieder andere, die den ganzen Tag herumgehetzt sind, kommen zu spät zu einer Theateraufführung oder einer Versammlung und sagen wiederholt: „Entschuldigen Sie bitte . . . Entschuldigen Sie bitte", während sie das Publikum stören und den Zuschauern auf die Füße treten. Und nachdem sie so hineingepoltert sind, werden sie wahrscheinlich nicht mehr wissen, wo sie das Auto abgestellt haben: War es Polk oder Jackson Street? Vielleicht geraten sie darüber in einen Streit, und da ihre angespannten Nerven bereits an ihre Grenzen gestoßen sind, endet der Tag mit einem Wutausbruch.

Abschließende Vorschläge

Wie können wir solche Muster der Hetze und der Anspannung umwandeln? Ein erster Schritt ist, wie oben erwähnt, früh aufzustehen, damit man für den ganzen Tag ein entspanntes Tempo einschlagen kann. Nehmen Sie das Essen langsam ein, und widmen Sie sich dabei ausgiebig Ihren Tischgenossen. Kommen Sie früher als nötig zur Arbeit, und gehen Sie den wichtigen Aufgaben in einem ruhigen, von der Uhr und dem Konkurrenzdenken unbeeinflußten Tempo nach. Bauen Sie freundschaftliche und liebevolle Beziehungen zu den Menschen am Arbeitsplatz und zu Hause auf, indem Sie bei jeder Gelegenheit Geduld üben. Räumen Sie alles auf, wenn Sie Ihren Arbeitsplatz verlassen, und lernen Sie das bewußte Abschalten von der Arbeit. Üben Sie Ihr Urteilsvermögen bei der Freizeitgesaltung aus, damit Sie sie zur Belebung der Lebenskräfte und nicht zum Auslaugen Ihrer Zeit und Energie verwenden.

Das Mantram ist bei Hektik besonders hilfreich, weil

es dem rastlosen Geist einen festen Halt gibt und ihn nach und nach verlangsamt. Das Wiederholen des Mantram bei einem flotten Spaziergang führt zu einem rhythmischen Einklang von Atmung, Schritt und Geist. Als hervorragendes Mittel, eine kurze, erfrischende Verschnaufpause von der Arbeit zu nehmen, hilft das Mantram einem auch, das beliebige Fallenlassen der Arbeit zu erlernen. Wenn Sie sich gehetzt fühlen, halten Sie einen Augenblick inne, wiederholen Sie Ihr Mantram, und führen Sie dann die vorliegende Arbeit in einem bewußt langsamen Tempo weiter. Gelegentlich werden Sie einen komischen Sketch aufgeführt haben, wenn Sie in der Hast etwas fallen ließen, dann beim Versuch, es aufzukehren, etwas anderes umwarfen, dann mit dem Schenkel irgendwo anstießen usw. Bei einer solchen Gelegenheit wiederholt man am besten ein paarmal das Mantram, um sich zu sammeln und in einem ruhigen Tempo weitermachen zu können.

Wir sollten uns auch nicht von anderen hetzen lassen. Wenn das Telefon klingelt, während man das Abendessen zubereitet, schaut man lieber erst, ob man unterbrechen kann, anstatt sofort hinzueilen und die Suppe überkochen zu lassen. Wir brauchen uns nicht von Apparaten wie dem Telefon einschüchtern zu lassen. Ein Anruf stellt letzten Endes eine Bitte, mit uns sprechen zu wollen, und keinen kaiserlichen Befehl dar. Wenn der Anrufer etwas Wichtiges mitzuteilen hat, wird er das Telefon länger klingeln lassen oder es später noch einmal versuchen.

Ich habe einen weiteren Vorschlag, der vielleicht wertvoll sein könnte. Wenn ich jemandem sage, daß er langsamer machen sollte, bekomme ich häufig den gerechtfertigten Einwand zu hören: „Ich habe so viel zu tun, wie soll ich es langsam erledigen und dennoch alles schaffen?“ Als Antwort verweise ich normalerweise auf meine eigene Lehrerfahrung in Indien. Als geschäftsführender

Direktor eines anglistischen Seminars an einer großen Universität trug ich eine große Verantwortung. Aber ich hatte den innigen Wunsch, mir eine langsame, entspannte Arbeitsweise anzueignen, weil ich wußte, daß dies mir auf meinem inneren Weg weiterhelfen würde.

Ich begann damit, mir einer Liste aller Aufgaben aufzuschreiben, denen ich an der Universität nachging, und unterteilte sie in Pflichten und Dinge, die ich gerne tat. Die Liste wurde sehr lang. Damals sagte ich, was ich auch heute zu hören bekomme: Es ist einfach nicht möglich, sich Zeit zu lassen und sich dennoch um so viele wichtige Dinge zu kümmern.

Dann dachte ich an meine geistliche Lehrerin, meine Großmutter, die in unserer über hundertköpfigen Großfamilie und in unserem Dorf verantwortungsvolle Aufgaben hatte. Sie kam dieser Verantwortung immer in hervorragender Weise nach, und ich erinnerte mich daran, daß sie einen unbeirrbaren Sinn dafür hatte, das Wesentliche vom Nebensächlichen zu unterscheiden. So nahm ich sie mir zum Vorbild und begann, alles Unwesentliche aus meiner Aufgabenliste zu streichen.

Die Anzahl der als unwesentlich zu streichenden Aufgaben überraschte mich. Alle im Hochschulbereich Tätigen kennen die vielen Konferenzen, Sitzungen, Vorträge, Empfänge usw., die man angeblich besuchen soll. Solche Veranstaltungen haben mit unseren Hauptaufgaben oft sehr wenig zu tun. So begann ich, jenen Veranstaltungen fernzubleiben, deren Besuch ich mir selber gegenüber nicht rechtfertigen konnte. Zunächst erwartete ich eine Rüge, wenn ich z. B. nicht am monatlichen Treffen des Ausschusses für das Fahrradabstellen teilnahm, aber nach mehrmonatigene Fernbleiben entnahm ich einem Gespräch eines anderen Mitglieds dieses Gremiums, daß meine Abwesenheit gar nicht bemerkt worden war. Indem ich eigene Präferenzen und Abneigungen beiseite legte und das Augenmerk auf das Notwendige richtete, strich ich immer mehr Eintragungen auf der Liste durch. Bald war sie auf die Hälfte reduziert, und ich stellte fest, daß ich für das, was anscheinend auf Dauer von größerem Wert sein würde, mehr Zeit hatte.

Eine Umgestaltung bestehender Verhaltensmuster in der oben vorgeschlagenen Weise wird weder einfach noch schmerzlos sein. Beharrliche Anstrengungen über einen längeren Zeitraum hinweg werden erforderlich sein, um die über viele Jahre aufgebauten Hektikmuster rückgängig zu machen. Der Gewinn ist jedoch gewaltig, und wir spüren den Nutzen dieser Umgestaltung bereits vom ersten Tag an, an dem wir diese herbeizuführen versuchen. Von Anfang an haben wir nämlich einen neuen Weg eingeschlagen, der uns überschäumende Lebenskraft, bessere Gesundheit, eine größere Ausgeglichenheit, harmonischere Beziehungen zu unseren Mitmenschen, reichliche Kreativität bei der Arbeit und in der Freizeit sowie ein längeres und glücklicheres Leben bringen wird.

UNGETEILTE AUFMERKSAMKEIT

Wenn wir in Freiheit leben wollen, müssen wir vollkommen Herr unserer Gedanken sein. Bei den meisten von uns ist es lediglich ein Euphemismus, wenn wir sagen, wir denken unsere Gedanken, denn meistens denken die Gedanken uns, sie beherrschen uns, und wir dienen unwissentlich ihnen.

Stellen Sie sich vor, Sie sind Student und haben sich gerade hingesetzt, um sich auf das Examen vorzubereiten. Sie haben alles, was sie brauchen – gespitzte Bleistifte, Lehrbücher, Vorlesungsmitschriften, Taschenrechner und einen willigen Geist –, und Sie wissen, daß Sie sich hineinknien müssen, weil es sehr viel Stoff aufzunehmen gibt. Sie widmen sich den wirtschaftswissenschaftlichen Unterlagen und beginnen, über das Gesetz von Angebot und Nachfrage nachzulesen ... und plötzlich schleicht sich ein Wunsch durch eine Tür am Rande Ihres Bewußtseins hinein. Er läßt das Wasser im Munde zusammenlaufen und flüstert: „Wie wäre es mit einer Pizza?" Sie haben ein wichtiges Ziel vor Augen – das Examen zählt –, kämpfen gegen diese Versuchung standhaft an und lesen weiter. Aber die Tür ist jetzt offen, und jetzt flitzt eine Erinnerung an ein in der vergangenen Woche besuchtes Rockkonzert, gefolgt von einer Vorschau auf eine für das kommende Wochenende geplante Swimmingpool-Party, herein. Sie kehren wieder zu Ihrer Lektüre zurück – zumindest versuchen Sie es.

Folgende Frage stellt sich: Wenn Sie eigentlich studieren wollen und sich solche Gedanken unaufgefordert aufdrängen, warum sagen Sie ihnen nicht einfach, daß sie verschwinden sollen? Wir müssen uns dann einer unliebsamen Erkenntnis stellen, nämlich der Tatsache, daß sie nicht gehen wollen; sie wissen, daß man ihrer nicht Herr ist. Aber Sie sitzen dann da, halb auf das Studium und halb auf andere Dinge konzentriert.

Nehmen wir an, Sie tragen sich mit irgendeiner Sorge herum, die, wie Sie sofort zugeben würden, belanglos ist, aber Sie dennoch fortwährend beschäftigt. Sie gehen ins Kino, weil Sie meinen, daß Sie dort eine neue Sichtweise bekommen werden, aber die Sorge geht mit und nagt an Ihrem Bewußtsein wie eine Maus. Oder vielleicht geht Ihnen manchmal der Text eines Liedes nach, oder Sie werden von einem Namen geplagt, den Sie vergessen haben. Oder Sie lassen im Geiste das Tonband immer wieder abspulen, auf dem schöne und unangenehme Augenblicke aufgezeichnet sind, z. B. der Aufenthalt am Meer vor vier Jahren oder der Zwischenfall, als Mary Sue Sie bei einem Klassentreffen brüskierte.

Manchmal geht es auch um ernsthafte Angelegenheiten: ein gravierendes Fehlurteil bei der Arbeit; mangelnde Sorgfalt, die zur eigenen Verletzung oder zur Verletzung eines anderen führte; die Erinnerung an jemanden, der durch Entfremdung oder Tod von Ihnen getrennt ist; lähmende Ängste und Selbstzweifel; verpaßte Gelegenheiten, schwächende Süchte, Neid und Eifersucht, ein Versagen des Willens oder eine sittliche Verfehlung. Wie schrecklich können uns solche Dinge verfolgen, wie sehr geben sie uns das Gefühl, wir hätten Wohnung genommen in einer Grabstätte, fern von der Helligkeit und Freude des Tages.

In all diesen häufig vorkommenden Fällen fehlt dem Geist eine unentbehrliche Voraussetzung für klares Denken und reibungsloses Funktionieren, nämlich die Aufmerksamkeit. Im Sanskrit heißt dies *ekagrata*. *Eka* bedeutet „ein“, und *agra* bedeutet „Punkt“ oder „Ende“ oder

„Rand". *Ekagrata* ist also ein sehr anschaulicher Begriff, weil er davon ausgeht, daß der Geist zielgerichtet auf einen einzigen Punkt konzentriert werden oder diffus bleiben kann. Licht kann bekanntlich durch Reflektoren zu einem scharfen Strahl intensiviert werden; aber wenn die reflektierende Fläche von Rissen und Löchern durchzogen ist, wird das Licht in alle Richtungen streunen. Ähnlich verhält es sich mit dem Geist, der nicht effektiv funktionieren kann, wenn er sich in allen Richtungen verstrahlt und sich mit mehreren Punkten zugleich beschäftigt. So verzetteln sich die geistigen Kräfte, und für die gerade vorliegende Aufgabe bleibt weniger übrig.

Die Erziehung des Geistes

Auch wenn unser Geist sich derzeit auf drei, vier oder sogar hundert verschiedene Dinge richtet, können wir ihn trainieren, so daß er sich bei der Meditation auf einen einzigen Punkt konzentriert. Eine solche beachtenswerte Disziplinierung des Geistes bewirkt eine intensive Konzentrierung aller geistigen Kräfte. Man kann sagen, daß sie alle geistigen Lücken schließt und dann die bislang versickernde Lebenskraft jenem Punkt zuwendet, dem wir unsere Aufmerksamkeit ausschließlich widmen wollen. Indem unsere Meditation sich vertieft, werden wir feststellen, daß das schwache, etwas zittrige Licht, das wir zu besitzen meinten, sich eigentlich als ein mächtiger Strahl entpuppt, der jedes Problem sofort erhellen kann.

Bei der Meditation trainieren wir den Geist, sich zielgerichtet und ausschließlich einem einzigen Thema zu widmen, nämlich dem ausgewählten Meditationstext. Wenn der Geist abschweift und einem anderen Gedanken folgt, konzentrieren wir uns immer mehr und immer wieder auf den vorliegenden Text. Dies ist zwar eine große Herausforderung, aber der Geist lernt, sich zu beherrschen und die ihm zustehende Rolle zu übernehmen, die nicht die eines Herrschers, sondern die eines vertrauten, treuen Dieners ist, dessen Fähigkeiten hochgeschätzt werden.

Denken Sie daran, wie praktisch es ist, einen disziplinierten Geist zu haben. Wenn man z. B. einen untrainierten Geist hat und Groll gegenüber einem Nachbarn hegt, kann man dem Geist zwar sagen: „Hege keinen Groll, lieber Geist", aber der Geist wird hochnäsig fragen: „Mit wem sprichst du?" Wenn man sehr in Zorn gerät, fügt man ein „bitte" hinzu, aber der Geist gibt lediglich zur Antwort: „Du hast mir nicht beigebracht, dir zu dienen. Warum soll ich es jetzt tun?" Und der Geist hat dabei in mancher Hinsicht recht. Wenn man jedoch das Meditieren gelernt hat und den Geist auf einen einzigen Punkt richten kann, braucht man nur „Nein, mein Freund" zu sagen, wenn der Geist aufbegehrt, und damit basta! Wenn das Aufbegehren aus einem negativen Gefühl wie Groll rührt, werden Sie Ihre Aufmerksamkeit ablenken und die Sorge sofort mindern können. Wenn es sich um ein durch konkrete Maßnahmen lösbares Problem handelt, werden Sie in der Lage sein, diese später in Angriff zu nehmen.

In den Upanischaden findet sich eine großartige Stelle, die den Geist mit einem Streitwagen vergleicht. Untrainierte Pferde können ausbrechen und fortlaufen, wohin sie wollen, und uns vielleicht in den Untergang führen, ohne daß wir dagegen etwas tun können. Trainierte Pferde hingegen – und Pferdeliebhaber kennen die Freude daran – reagieren auf den leichtesten Zug am Zaumzeug. Ähnlich verhält es sich mit einem in die Meditation gut eingeführten Geist, der auf einen sanften, beinahe mühelosen Befehl sofort reagiert. Wenn die Erinnerung an etwas Negatives, das jemand uns angetan hat, sich uns aufzudrängen versucht, können wir den Gedanken damit vertreiben, daß wir unsere ganze Aufmerksamkeit voll und ganz auf die vielen Wohltaten richten, die er uns in der Vergangenheit erwiesen hat. So widerstehen wir dem Sog der Gedanken und denken sie vielmehr in Freiheit durch. Gerade dies hat der Buddha mit den Worten gemeint: „Es gibt nichts Gehorsameres als ein disziplinierter Geist – und nichts Ungehorsameres als ein undisziplinierter Geist.“

Die Vorteile eines gesammelten Geistes

Wenn wir gelernt haben, den Geist auf einen einzigen Punkt zu konzentrieren, wird uns eine ungeheure Treue und Stetigkeit beschert. Menschen, die sich nicht konzentrieren können, wechseln ständig von einer Sache zur anderen, von einer Aktivität zur anderen, von einer Person zur anderen wie Heuschrecken, die von einem Grashalm zum anderen hüpfen. Jene hingegen, die sich zu konzentrieren gelernt haben, wissen, wie man still und versunken bleibt. Solche Menschen sind zu ausdauernden Anstrengungen fähig. In diesem Zusammenhang fällt mir eine Geschichte über den großen indischen Musiker Ustad Aluaddin Khan ein. Als der Sitarspieler Ravi Shankar noch jung war, bat er Khan Sahib um Unterricht und versprach, ein fleißiger Schüler zu sein. Mit geübtem Blick musterte ihn der Meister und entdeckte in seiner Kleidung und Art Anzeichen eines Dilettanten. „Ich unterrichte keine Schmetterlinge“, gab er ihm dann zur Antwort. Glücklicherweise gelang es Ravi Shankar nach vielen Monaten – die seine Entschlossenheit auf die Probe stellten – den Meister zu überreden, seine Entscheidung zu überdenken. Aber wir können den Widerwillen des Lehrers verstehen, seine kostbare Gabe an jemanden zu verschwenden, der von einem Interesse zum anderen springen und somit seine ganze kreative Energie vergeuden würde.

Menschen, die einer Herausforderung nicht gewachsen sind oder keine gute Leistung erbringen, leiden oft unter einem diffusen Denken und nicht unter irgendeiner inhärenten Unfähigkeit. Sie mögen zwar sagen: „Ich mag diesen Job nicht" oder „Diese Art von Arbeit liegt mir nicht", aber eigentlich wissen sie oft nicht, wie sie ihre Kräfte sammeln und einsetzen könnten. Wenn sie es täten, würden sie vielleicht feststellen, daß sie die Arbeit doch mögen und sie kompetent verrichten können. Wenn eine Aufgabe mir unangenehm erschienen ist – wir müssen ja alle gelegentlich solche Dinge tun –, habe ich festgestellt, daß die Arbeit befriedigender wird, wenn es mir gelingt, ihr größere Aufmerksamkeit zu widmen. Wir neigen dazu, Unangenehmheit für eine Eigenschaft der Arbeit selbst zu halten, während sie eigentlich häufiger ein Zustand im Kopf des Verrichtenden ist.

Deshalb gilt für Langeweile. Wenig Aufgaben sind an sich langweilig; wir langweilen uns vielmehr, weil unser Geist geteilt ist. Der eine Teil des Geistes führt die vorliegende Arbeit aus, während der andere versucht, dies nicht zu tun; der eine Teil verdient seinen Arbeitslohn, während der andere sich davonschleicht, um etwas anderes zu tun, oder versucht, die arbeitende Hälfte zum Aufgeben zu überreden. Sie streiten sich über diese entgegengesetzten Ziele, und dieser Krieg verschlingt ungeheuere Mengen von Lebenskraft. Wir fangen an, uns müde, unaufmerksam, unruhig oder gelangweilt zu fühlen; ein Grauschleier, eine Art Blässe, überzieht alles. Wie zeitbewußt wir werden! Und wie die Zeit kriecht, wenn wir uns ihrer bewußt werden. Die Aufgabe wird, wenn sie überhaupt erledigt wird, leiden. Das Ergebnis ist eine sehr mittelmäßige Minimalleistung, da für die Arbeit kaum noch Energie übrigbleibt; das meiste davon wird nämlich zur Reparatur der Sabotage des unwilligen Arbeiters verwendet.

Wenn der Geist in sich einig ist und voll für die Aufgabe eingesetzt wird, steht uns reichlich Energie zur Verfügung. Die Arbeit, vor allem wenn es sich um eine Routinearbeit handelt, wird leicht und gut verrichtet, und wir sehen sie im Kontext des Ganzen, in das sie sich einfügt. Wir fühlen uns beteiligt; die Zeit lastet nicht auf uns. Interessanterweise scheint es hier auch ein geistiges Gesetz zu geben: Wenn es uns gelingt, uns voll auf das zu konzentrieren, was wir gerade tun, so bieten sich Gelegenheiten, die unserer Konzentration würdig sind. Dies hat sich immer wieder im Leben nicht nur von Mystikern, sondern auch von Künstlern, Wissenschaftlern und Staatsmännern gezeigt.

Das Geheimnis: Aufmerksamkeit

Wenn wir uns von diesem tyrannischen, sich gleichzeitig auf mehrere Dinge richtenden Geist befreien wollen, müssen wir eine willentliche Beherrschung unserer Aufmerksamkeit entwickeln. Wir müssen es verstehen, sie dorthin zu richten, wo wir sie haben wollen.

Es ist eine traurige Tatsache, daß die meisten Menschen wenig Kontrolle über die Ausrichtung ihrer Aufmerksamkeit haben. Deswegen sind z. B. Reklametafeln so erfolgreich; die Werbefachleute wissen, daß wir nicht in der Lage sein werden, unsere Blicke von den Plakaten abzuziehen. Unsere Kollegen mögen zwar behaupten, sie hätten ihr Wahrnehmungsvermögen unter Kontrolle, aber man muß nur mit ihnen im Auto mitfahren, um festzustellen, wie leicht sie sich ablenken lassen und wie leicht Botschaften in ihr Bewußtsein hineinsinken. Ob unseren Werten und unserem gesunden Menschenverstand noch so zuwider, die Botschaft all jener Plakate flutet herein, einfach weil wir keine Kontrolle über unsere Aufmerksamkeit haben.

Oder schauen Sie sich Leser in Bibliotheken an. Wenn jemand vorbeigeht – vielleicht alle paar Sekunden –, werden viele aufschauen. Dies ist kaum ein willentlicher Akt; ihre Aufmerksamkeit schweift einfach, wohin sie will. Wenn wir es unseren Kindern erlaubten, in einem öffentlichen Gebäude so herumzurennen, würden wir tadelnde Blicke ernten. Aber überall sieht man die Aufmerksamkeit Amok laufen.

Geteilte Aufmerksamkeit kann auch zu physischer Erschöpfung führen. Sind Sie nie nach einem geschäftigen Einkaufstag oder nach einem Museumsbesuch, bei dem Sie alles, von den alten Ägyptern bis zu den französischen Impressionisten, anzusehen versuchten, völlig erschöpft heimgekehrt? Auf den Beinen zu sein, spielt dabei natürlich auch eine Rolle, aber wenn Sie es der Aufmerksamkeit erlauben, von einem Sinnesobjekt zu anderen schnell zu wechseln, laugt dies Ihre Lebenskraft aus und bringt Ihnen dafür wenig ein. Sie werden wahrscheinlich weder den Mumien noch Monet die ihnen gebührende Aufmerksamkeit gewidmet haben; das einzige, was Sie behaupten können, ist, alles gesehen zu haben.

Ein berühmter Gehirnspezialist, Dr. Wilder Penfield, bemerkte, daß er sein Leben, wenn er es ein zweites Mal leben könnte, dem Studium der menschlichen Aufmerksamkeit widmen würde. Zum einen ist die Aufmerksamkeit eng mit der Wahrnehmung verbunden. Kennen Sie den alten Spruch: „Man ist, was man ißt?" Man kann ihn abwandeln und sagen: „Man sieht, was man ist." Was man vor sich sieht, ist nicht genau das, was dort ist, und man sieht auch nicht alles, was dort ist, wie jeder Naturwissenschaftler bestätigen wird. Das Sehen beruht auf einem komplexen inneren Vorgang, zu dem auch das Wünschen gehört. Was uns motiviert, erhält unsere Aufmerksamkeit; und was unsere Aufmerksamkeit hat, das sehen wir.

Fragen Sie vier Leute, was heute auf der Hauptstraße los ist. Ein Geschäftsmann, der gerade von einem Rotarieressen im Hilton Hotel zurückkehrt, sagt: „Ein Riesenandrang bei Delfini heute. Der Mann versteht es, Ware umzusetzen."

Eine ältere Lehrerin sagt: „Ach, etwas Schönes! Georg, der Neffe von Mr. Delfini, arbeitet jetzt im Laden."

Ein halbwüchsiges Mädchen sagt Ihnen: „Bei Delfini gibt's ein klasse Sonderangebot – dufte Schuhe zu Schleuderpreisen."

Und ein junger Bursche: „Mann, hast du die Mädchen gesehen, die bei Delfini rauskamen?"

Alle berichten damit einfach über das, was sie sahen. Ihre Aufmerksamkeit richtete sich automatisch auf das, was sie interessierte.

Wenn wir durch die Praxis der Meditation eine gewisse Kontrolle über unsere Wünsche erlangt haben und gelernt haben, unsere Aufmerksamkeit dorthin zu richten, wo wir sie haben wollen, wird die Welt uns ganz anders erscheinen. Wir werden die Dinge immer mehr so sehen, wie sie wirklich sind, da unsere Sicht nicht durch zwanghafte Anhänglichkeiten behindert wird. Wir werden nicht nur die Farbe, die Beschaffenheit und die Form der Dinge klarer sehen, sondern auch die Prinzipien von Harmonie und Ordnung – oder leider in einigen Fällen die Verstöße der Menschen gegen die Prinzipien – in den vor uns liegenden Gegenständen und Situationen erkennen. So auffallend ist der Wandel unserer Wahrnehmungsweise, daß Sri Ramakrishna, ein aus Bengalen stammender Mystiker des 19. Jahrhunderts, vom Wachsen „neuer Augen" und „neuer Ohren" spricht.

Mit herrlicher Emphase versucht der englische Mystiker Thomas Traherne die wunderbare, immer neue Erscheinung der Welt, wie sie sich dem darstellt, dessen Augen geöffnet worden sind, in Worte zu fassen: „Der Staub und die Steine der Straße waren so kostbar wie Gold. [. . .] Die grünen Bäume, als ich sie zum ersten Mal durch eins der Tore erblickte, verzückten und verführten mich; ihre Süße und ausnehmende Schönheit ließen mein Herz hüpfen. [. . .] Die auf der Straße spielenden und sich tummelnden Buben und Mädchen waren sich bewegende Edelsteine. [. . .] Die Ewigkeit offenbarte sich im Licht des Tages, und etwas Unendliches trat hinter jedem Ding hervor."

Unsere Aufmerksamkeit ist also eine höchst kostbare Fähigkeit. Es ist sehr wichtig, was wir mit ihr anfangen, weil alles, auf was wir sie richten, sei es gut oder schlecht, dadurch zum Gedeihen angeregt wird. Wenn jemand zu einer öffentlichen Versammlung zu spät kommt und alle sich umdrehen, um ihn anzustarren, vergrößern sie nur die Störung; wenn sie jedoch ihre Aufmerksamkeit unverdrossen auf den Redner richten, reduziert sich die Störung durch das Geklapper des Zuspätkommenden auf ein Minimum. Ein zweites Beispiel: Wenn jemand einen Teller oder ein Glas fallen läßt, was nutzt es, wenn wir unsere Arbeit unterbrechen, um ihn anzustarren? Aus diesem Grunde empfehle ich Ihnen, während der Meditation nicht gegen Ablenkungen anzukämpfen. Denn dann widmen Sie ihnen Ihre Aufmerksamkeit, Ihre Lebenskraft, wodurch sie noch zunehmen und noch schwerer zu vertreiben sind.

Unwillkürliche Aufmerksamkeit

Gelegentlich trifft man auf Menschen, die mit der Gabe ausgestattet sind, sich auf einen einzigen Punkt konzentrieren zu können, ohne sich den anstrengenden Übungen unterziehen zu müssen, die die meisten von uns dazu brauchen. Hervorragend – man spart sich viel Mühe –, aber es gibt dabei einen potentiellen Nachteil. Der Geist eines solchen Menschen kann sich so leidenschaftlich auf den ihn interessierenden Gegenstand fixieren, daß er nicht in der Lage ist, sich nötigenfalls von ihm abzuwenden. Als Lehrer denke ich in diesem Zusammenhang an den Professor, der sich z. B. ausschließlich mit der alten sumerischen Sprache oder den späten Tagebüchern vom Samuel Pepys beschäftigt. Wo auch immer er hingeht, trägt er den Gedanken daran mit sich. Dies ist freilich eine Konzentration auf einen einzigen Punkt, aber sie untersteht nicht dem freien Willen und kann zu eingeschränkten sozialen Beziehungen sowie kleinen Mißgeschicken führen.

Viele Geschichten werden über Albert Einstein erzählt, aber ich weiß nicht, wie viele davon wirklich wahr sind. Er soll einmal einen Scheck über zehntausend Dollar erhalten haben. Ein solcher Scheck eignet sich gut als Lesezeichen, und er wurde auch als solches benutzt, bis das Buch in die Bibliothek zurückgebracht wurde und ein Angestellter ihn entdeckte. Bei einer anderen Gelegenheit soll Einstein gefragt worden sein, ob er schon zu Mittag gegessen habe. Darauf antwortete er: „In welcher Richtung gehe ich? Wenn ich nach Hause gehe, habe ich noch nicht gegessen. Wenn ich von zu Hause komme, habe ich es." Ein Passant soll ihn auch mit einem Riesenbuckel unter seinem Mantel erblickt haben; er hatte nämlich den Mantel angezogen, ohne vorher den Kleiderbügel zu entfernen.

Der Beitrag Einsteins zur Naturwissenschaft ist so groß, daß dieses vollkommene Aufgehen in seiner Arbeit uns eher erheiternd als bedenklich erscheint. Aber bei anderen Menschen kann eine solche einseitige Konzentration unangenehmere Aspekte annehmen. Ich erinnere mich an einen Bericht über einen Mann, der auf der Rückfahrt von Carmel mit einigen Freunden sich plötzlich daran erinnerte, daß er seinen Fotoapparat am Strand liegengelassen hatte. Er kehrte um und raste mit hoher Geschwindigkeit zurück, um ihn zu holen. Seine Gedanken waren auf den Fotoapparat fixiert; er *mußte* ihn wiederfinden. Tragischerweise ließ er dafür bei einem Unfall sein Leben. Während wir also die Konzentration auf einen Punkt trainieren, sollen wir gleichzeitig unsere Urteilskraft und unseren Willen stärken, damit wir erkennen, wohin wir unsere Aufmerksamkeit wenden sollen und wie wir sie nach Bedarf anders ausrichten.

Eins nach dem anderen

Wenn man, wie es bei den meisten von uns der Fall ist, zu Zerstreuung neigt, stellt sich die Frage, wie diese wertvolle Fähigkeit der ungeteilten Konzentration zu entwikkeln ist. Der erste Schritt liegt in der systematischen Einübung von Meditation, die eine optimale Möglichkeit zur Erlernung dieser Fertigkeit darstellt. Es gibt aber auch eine weitere hilfreiche Maßnahme: Wir müssen lernen, eins nach dem anderen zu tun, und es uns abgewöhnen, mehreren Aufgaben gleichzeitig nachgehen zu wollen.

Diese Lehre wurde mir schon als Teenager mit Nachdruck eingeprägt. Mein Onkel, der Englischlehrer war, hatte mich gerade mit Washington Irving bekannt gemacht. Ich hatte darüber gelesen, wie Ichabod Crane von seiner eigenen Phantasie in Furcht und Schrecken versetzt worden war, und hatte mich eines Morgens zur Frühstückszeit in die Erzählung von Rip van Winkle richtig eingelesen. Ich brachte mein Buch an den Frühstückstisch mit und legte es neben den mit Reiskuchen und Kokosnußchutney belegten Teller hin. Geistesabwesend an den Reiskuchen kauend, las ich über die unfreundliche Aufnahme des armen Rip bei den Dorfkindern nach seinem langen Schlaf. Meine Großmutter, die die Reiskuchen mit großer Liebe bereitet hatte, kam einfach auf mich zu und entfernte den Teller. Ich hatte den Geschmack nicht bemerkt und einige Augenblicke lang – ich muß wirklich versunken gewesen sein – muß ich wohl die leere Hand zum Mund geführt haben, denn ich hörte sie sagen: „Du hast nichts in deiner Hand." Ich blickte hinunter und stellte fest, daß der Teller verschwunden war. Dann sagte sie: „Das ist kein rechtes Lesen. Auch kein rechtes Essen." Auf diese Weise lernte ich, einen Abstand zwischen den Genuß von Washington Irving und den von Reiskuchen zu legen.

Um eine ähnliche Einsicht in die hiesige Welt zu gewinnen, brauchen Sie lediglich die Montgomery Street im Finanzviertel von San Francisco aufzusuchen. Das bevorzugte Mittagessen dieser Finanzleute und Möchtegernmagnaten ist kein Salat oder Sandwich aus dem Schnellimbiß, sondern eine Riesenportion des *Wall Street Journal*. Sie mögen zwar etwas zu essen auf ihren Tellern liegen haben, aber ihre Aufmerksamkeit richtet sich ausschließlich auf die Aktienkurse, die eigentlich das sind, was sie in sich aufnehmen. Ähnliches läßt sich – natürlich mit anderen Zeitungen – in Eisdielen, Lokalen für Fernfahrer und Cafés – konstatieren.

Vielleicht kennen Sie Menschen, die ihre Aufmerksamkeit aufzuteilen versuchen, indem sie Bücher oder Zeitungen lesen, selbst während sie mit der Familie oder Freunden essen. Es scheint mir ein rücksichtsloses Verhalten zu sein, weil es andere Menschen ausschließt. Tatsächlich habe ich einige Menschen gesehen, die absichtlich ihre Zeitung wie ein großes Schild hochheben, hinter dem sie sich verstecken, um nicht sehen oder gesehen werden, nicht sprechen oder angesprochen werden zu müssen. Aber sähen jene, die Sie lieben, nicht viel lieber Ihr Gesicht – mag es morgens manchmal noch so trübselig aussehen – als eine ganzseitige Reklame für einen um 73 Dollar billigeren Flugpreis nach Minneapolis, wenn man nach Mitternacht fliegt?

Vom Hörensagen weiß ich, daß ganze Familien ihr Abendessen heutzutage um das Fernsehen organisiert haben. Sie beschließen, etwas später zu essen, um die Wiederholung der Serie *I Love Lucy* mit Lucille Ball mitzubekommen, und versammeln sich alle zur gegebenen Stunde im Wohnzimmer oder Hobbyraum, einige auf Stühlen, einige auf dem Boden, alle andächtig dem Fernseher zugewandt. Die Mutter bringt jedem ein eigenes Tablett mit dem Abendessen und dreht dann das Licht herunter, um ein optimales Bild zu bekommen. Die Lautstärke wird höher gedreht, damit der Genuß der Sendung nicht durch irgendwelche Gespräche beeinträchtigt wird. Und dreißig Minuten lang mampft die Familie, die häuslichen Mißgeschicke der Lucy genießend. So vieles an der Liebe und Arbeit, die für die Vorbereitung der Mahlzeit verwendet wurden, ist vergeudet worden. Die Familie mag zwar etwas Nahrung für den Körper bekommen, aber der Geist beendet die Mahlzeit unerfüllt. Nach und nach wird die Mutter, anstatt ihre Zeit mit der Vorbereitung eines Essens, das nicht geschätzt wird, zu verbringen, vielleicht der Versuchung erliegen, Fertiggerichte zu servieren – die freilich sehr gut aufs Tablett passen und sich leicht aufräumen lassen – oder nach dem Telefon zu greifen und „fast food“ in Pappkartons ins Haus bringen zu lassen.

Ungeteilte Aufmerksamkeit und Lernen

Laufen Sie durch die Cafeteria irgendeiner Hochschule, und Sie werden Studenten sehen, die mehreren Aktivitäten zugleich nachgehen. Der eine wird vielleicht gleichzeitig ein Lehrbuch lesen, eine Tasse Kaffee trinken, der vom Tonband im Hintergrund abgespielten Musik zuhören und eine Zigarette rauchen. Das ist nicht ein einziger Student; es sind vielmehr vier Viertelstudenten. Alle seine Geisteskräfte sind aufgeteilt worden, so daß nichts ihn wirklich fesselt oder einen wahren Genuß darstellt. Einmal beobachtete ich eine zirkusreife Leistung: Ein junger Bursche hatte eine Zigarette – gerade noch – an den Lippen hängen, während er aus seiner Kaffeetasse schlürfte!

Manche Studenten kaufen große Tüten voll Kartoffelchips oder Nüssen, um sie als Imbiß zu sich zu nehmen, während sie in der eigenen Bude studieren. Ein paar Sätze lesen, dann knabbern. Noch ein paar Sätze, dann wieder knabbern. Dann, wenn sie den Fluß des Textes unterbrochen haben, müssen sie immer wieder zurückgehen und ihn noch einmal lesen. Sie machen große Fortschritte bei der Entleerung der Chipstüte, aber kommen mit der Beherrschung des Stoffes nicht sehr weit. Ich muß zugeben, daß ich sogar Dozenten gesehen habe, die ihre Aufmerksamkeit in ähnlicher Weise aufteilen, indem sie einen Stoß Hausarbeiten in eine Konferenz mitbringen und sich während der Sitzung daranmachen, sie zu korrigieren. Manche Dozenten haben beim Lesen im Büro ein Radio laufen, anstatt ihren Studenten das Verhalten eines Lehrers vorzuzeigen, der mit Leib und Seele bei der Sache ist.

Dem, der vorsätzlich seine Aufmerksamkeit aufteilt, wird es schwerer fallen, etwas zu meistern. Versteht es sich nicht von selbst, daß Lernen Konzentration erfordert? Der wirklich intelligente Student begreift dies von allein. Wenn er sich hinsetzt, um gleichzeitig zu lesen und eine Tasse Kaffee zu trinken, wird der Kaffee kalt. Wenn er eine Zigarette im Aschenbecher liegen hat, raucht sich die Zigarette unberührt selbst weiter – das Beste, was ihr geschehen könnte. Wenn Musik dabei spielt, wird er sie nicht hören. Solche Studenten bleiben vollkommen konzentriert und sind sich ihrer Umgebung nicht bewußt. Wenn man sie anrührt, werden sie es evtl. gar nicht merken.

Sie erinnern sich vielleicht an Larry Darrell, den jungen amerikanischen Helden des großartigen Romans von Somerset Maugham *Auf Messers Schneide.* Der Erzähler berichtet uns darüber, wie er eines Morgens im Club beim Betreten der Bibliothek Larry dort sitzen und mit ungeteilter Aufmerksamkeit lesen sah. Als er wegging, wahrscheinlich am späten Nachmittag, saß Larry immer noch dort, tief versunken, sogar ohne seine Haltung geändert zu haben. Hier handelt es sich offensichtlich um jemanden mit einer besonderen Veranlagung, jemanden, der sich bei allem, was er in Angriff nimmt, auszeichnen wird. Später erfahren wir, daß nichts Geringeres als ein spirituelles Erwachen Larry zufriedenstellen wird – und er macht sich mit beeindruckender Zielstrebigkeit auf die Suche danach.

Ungeteilte Aufmerksamkeit und Genuß

Jeder, der eine große Liebe zu einer der schönen Künste empfindet, wird es peinlichst vermeiden, seine Aufmerksamkeit zu teilen, indem er zwei Dinge gleichzeitig tut. Nehmen wir als Beispiel den echten Musikliebhaber. In solchen Sachen verläßt man sich nicht auf das, was die Menschen sagen – die meisten werden behaupten, Musikliebhaber zu sein –, sondern beobachtet sie. Der echte

Musikliebhaber wird beim Zuhören instinktiv die Augen schließen, weil er keinen Teil seines Bewußtseins ablenken lassen will. Wenn man im Konzert ständig um sich herumblickt, wird die Aufmerksamkeit zerstreut; man hört nicht nur der Musik zu, sondern, wenn ich es so sagen darf, schaut zugleich einen Film an.

Andererseits habe ich Buchhandlungen und Lesesäle betreten, in denen Musik gespielt wurde. An solchen Orten sollte vollkommene Stille herrschen. Respekt vor dem Buch, das wir lesen, verlangt es; selbst Respekt vor der Musik verlangt es. Hinter dem Spielen von Musik an solchen Orten steckt die Theorie, daß sie entspannend wirkt. Dies mag zwar stimmen, aber nicht beim Lesen. Der Buddha faßte es in seiner üblichen nüchternen Weise, als er sagte: „Wenn du gehst, gehe. Wenn du stehst, stehe. Wenn du sitzt, sitze. Wanke nicht."

Die, welche Gott lieben, besitzen eine immense Konzentrationsfähigkeit, wie die Biographien der Heiligen und Weisen zeigen. Im Gebet, in der Anbetung, in der tiefen Meditation wird ihre Aufmerksamkeit so vollkommen vom Geliebten gefesselt, daß nichts imstande ist, sie wegzureißen. Selbst eine Andeutung des Göttlichen – der Heilige Name, ein Altar oder eine Reliquie, der Anblick eines Menschen, der in einer mit der Menschwerdung Gottes in Verbindung gebrachten Haltung steht – kann sie in einen höheren Bewußtseinszustand versetzen. Gelegentlich kann dies Unannehmlichkeiten bereiten: Von einem italienischen Mystiker wird erzählt, er versteckte ein Witzbüchlein in der Sakristei, um beim Messelesen einen Fuß auf weltlichem Boden zu behalten und so die Worte aussprechen zu können.

Es steht auch zu lesen, daß Sri Ramakrishna einmal einer von seinem Jünger Girish Ghosh inszinierten Aufführung eines religiösen Stücks beiwohnte. Er hatte sowohl Girish als auch das Stück sehr gern und setzte sich in die erste Reihe. Der Vorhang ging auf, und eine Person fing an, den Herrn zu lobpreisen. Sri Ramakrishna trat sofort in den höchsten Bewußtseinszustand ein: Die Bühne verschwand, die Schauspieler verschwanden. Wir nur ein großer Mystiker es kann, protestierte er: „Herr, ich bin hierhergekommen, um ein von meinem Jünger inszeniertes Stück anzusehen, und du schickst mich ins Samadhi. Ich will es nicht geschehen lassen!" Dann begann er, „Geld . . . Geld . . . Geld" ständig zu wiederholen, um der diesseitigen Welt bewußt zu bleiben.

Bei den meisten von uns ist das Problem genau umgekehrt: Wir konzentrieren uns zu wenig. Wir können jedoch lernen, unsere Konzentration zu steigern, indem wir uns in der Disziplin fleißig üben, eine Sache nach der anderen zu tun. Wenn Sie studieren, geben Sie sich ausschließlich Ihren Büchern hin. Wenn Sie ins Kino gehen, konzentrieren Sie sich auf den Film, ohne sich durch das Knabbern von Kartoffelchips oder das Sprechen mit Nachbarn ablenken zu lassen. Wenn Sie Musik anhören, tun Sie dies und nichts anderes. So werden Sie aus diesen Aktivitäten einen größeren Gewinn ziehen – und Ihre Meditation wird auch gedeihen.

Ich halte es für einen schlechten Dienst, nicht dazugehörende Angelegenheiten in die Arbeit einzubringen: Damit schadet man sich selbst, dem Arbeitgeber und der Arbeit. Die tieferen Quellen lassen sich nämlich nur dann anzapfen, wenn man die vorliegenden Fähigkeiten voll ausschöpft. Wenn wir bei der Arbeit einen Imbiß einnehmen, Zeitschriften lesen, Radio hören, uns unterhalten, Kreuzworträtsel lösen oder astrologische Karten herstellen, werden unsere Geisteskräfte dadurch zerstreut und geschwächt. Allein unsere Konditionierung läßt uns glauben, daß ein geteilter Geist effizient arbeitet. Wenn es uns gelingt, unseren Geist auf einen einzigen Punkt zu konzentrieren, werden wir selber feststellen, daß Konzentration zu Effizienz führt, während Zerstreuung Ineffizienz, Fehler und Anspannung mit sich bringt.

Ungeteilte Aufmerksamkeit und Sicherheit

Welcher Arbeit auch immer man nachgeht, werden Fehler und teuer zu bezahlende Unfälle dadurch vermieden, daß man die Aufmerksamkeit auf einen einzigen Punkt richtet. Um absolute Sicherheit zu gewährleisten, muß man beim Gebrauch leistungstarker oder gefährlicher Werkzeuge in der Küche oder in der Fabrik voll konzentriert sein. Hier verwende ich bewußt das Wort „absolut", weil ich der Meinung bin, daß wir auf dem Gebiet der Sicherheit nach nichts Geringerem streben sollen. Es genügt nicht, wenn wir sagen können: „Das scheint ziemlich sicher zu sein", oder „Ich glaube, daß ich es schaffen kann". Wenn es nämlich um die eigene körperliche Sicherheit und die körperliche Sicherheit anderer geht, sind höhere Maßstäbe anzusetzen.

Warum soll man die Sicherheit durch sinnlose Ablenkungen wie lautes Radio und belanglose Gespräche beeinträchtigen? Wenn Sie sich z. B. in der Küche befinden und mit einem äußerst scharfen Messer Gemüse schneiden, ist dies wohl nicht der richtige Platz für eine Diskussion über die möglichen Anwärter auf einen Preis bei der diesjährigen Oscarverleihung. Wenn Sie unbedingt über den besten Film des Jahres diskutieren wollen, legen Sie Ihr Messer zur Seite, vergewissern Sie sich der ungeteilten Aufmerksamkeit Ihres Gesprächspartners, und geben Sie Ihr Votum ab.

In ähnlicher Weise soll man beim Einsatz eines Hochleistungsgeräts wie einer Motorsäge oder eines Rotorpflugs dafür sorgen, daß die Aufmerksamkeit nicht einmal einen Augenblick lang vom Gerät abgelenkt wird.

Wenn jemand den Arbeitsplatz betritt, um mit Ihnen zu sprechen, lassen Sie ihn warten, bis Sie den jeweiligen Arbeitsvorgang abgeschlossen haben und das Gerät entweder abschalten oder Hände und Körper aus der Gefahrenzone entfernen können. Ich hoffe, daß es Ihnen klar wird, daß es sich hierbei um gutes Benehmen handelt und daß es ein sehr schlechtes Benehmen wäre, sich plötzlich umzudrehen und jemanden mit einer verletzten Hand zu begrüßen.

Wir können die auf eine einzige Aufgabe gerichtete Aufmerksamkeit der Maschinenaufseher dadurch fördern, daß wir uns ihnen umsichtig nähern. Es gefährdet sie, wenn man unvermittelt an ihrem Arbeitsplatz auftaucht, in ihrer Nähe zu schreiben beginnt oder sie anrührt. Wenn Sie unbedingt mit ihnen sprechen müssen, schlage ich vor, daß Sie versuchen, langsam in ihr Gesichtsfeld einzurücken und dort zu warten, bis sie sich freimachen können. Alles, was zu einem Aufschrecken oder einem Konzentrationsverlust führen könnte, kann einen Unfall verursachen.

Mir ist auch aufgefallen, daß Leute sich allen möglichen Gesprächen während des Autofahrens hingeben: politischen Diskussionen, Streitigkeiten, komplizierten Plänen, Witzen, Anekdoten, sogar Spielen. Der Fahrer sollte fahren; die anderen können still das Mantram wiederholen. Und es sind nicht nur die Gespräche; die meisten Autos haben ein Radio, viele haben auch ein Kassettendeck und manche sogar ein Autotelefon oder CB-Funk.

Wie viele Ablenkungen für den Fahrer! Denken Sie an die Konsequenzen! Würden Sie sich nicht grämen, wenn Sie jemanden schwer verletzt hätten und wüßten, daß nur ein wenig mehr Aufmerksamkeit dies hätte verhindern können? Der einfache Verstand verlangt, daß wir erkennen, was wir tun. Wenn wir unseren in ein paar tausend

Kilo Stahl gehüllten, aber dennoch zerbrechlichen Körper mit über 80 km/h über eine Betonstraße fegen lassen und dabei wissen, daß andere – die emotional aufgewühlt oder sehr müde oder sogar betrunken sein können – uns mit ähnlicher Geschwindigkeit entgegenkommen, so liegt es auf der Hand, daß wir unsere verfügbare Aufmerksamkeit voll einsetzen sollten, um Zusammenstöße zu vermeiden. Es ist einfach unverantwortlich, mit weniger als voller Konzentration zu fahren, auch wenn man es noch so viele Jahre lang getan hat und ungeschoren davongekommen ist.

Es ist unsere Pflicht, uns nicht nur selber ausschließlich auf das Fahren zu konzentrieren, wenn wir hinter dem Lenkrad sitzen, sondern auch anderen zu helfen, dies zu tun. Wenn man mitfährt, soll man den Fahrer nicht ablenken. Es mag zwar sein, daß der arme Kerl noch nie eine purpurrote Kuh gesehen hat und daß gerade eine am Straßenrand weidet, aber – wenn ich es etwas grausam ausdrücken darf, um die möglichen Konsequenzen zu verdeutlichen – er wird vielleicht auch noch nie die Notaufnahmestation eines Krankenhauses von innen gesehen haben: Es ist viel besser, weder das eine noch das andere als alle beide zu sehen.

Ungeteilte Aufmerksamkeit an andere weitergeben

Häufig können wir andere Menschen taktvoll an dieses Prinzip der ungeteilten Aufmerksamkeit erinnern. Wenn jemand einen anspricht, während er mit etwas anderem beschäftigt ist, kann man sagen: „Ich warte gern, bis Sie fertig sind." Wenn er mehreren Aufgaben gleichzeitig nachgeht, kann man sagen: „Sie scheinen alle Hände voll zu tun zu haben. Darf ich helfen?" Manchmal ist auch ein Scherz nicht fehl am Platz: Im

Kino können Sie Ihre Freunde sanft zurückweisen, indem Sie den altbekannten Satz wiederholen: „Ich kann dich nicht hören, die auf der Leinwand machen zuviel Lärm." Vor allem das eigene Beispiel wird für andere lehrreich sein.

Aus einsichtigen Gründen versuchen Zahnärzte uns durch Gespräche abzulenken, während sie an uns arbeiten. Ich hatte einen freundlichen Zahnarzt, der mein Schmerzempfinden reduzieren wollte. Ich wußte dies zu schätzen, aber sagte ihm ganz offen, daß er sich lieber auf meine Zähne konzentrieren solle, wenn er mir etwas Gutes tun wolle, und daß ich mich für meinen Teil um die Schmerzen kümmern würde, wenn er sich um meine Backenzähne kümmere. Er freute sich, von der Verpflichtung zur Ablenkung befreit zu sein.

Ist Ihnen aufgefallen, wie leicht sich die Leute beim Gespräch ablenken lassen? Ihr Augenmerk richtet sich dann auf ihre Schuhe, auf die Wolken oder auf die Passanten; ihre Hände bleiben nicht ruhig, sondern rupfen an vermeintlichen Fusseln an den Ärmeln oder zeichnen Striche auf der Tischplatte; ihr Geist beschäftigt sich mit dem, was sie als nächstes sagen wollen oder, noch schlimmer, gleitet ab in belanglose Themen. Wenn Sie jemandem zuhören, widmen Sie ihm Ihre ganze Aufmerksamkeit. In der Tradition des Zen sagt der Lehrer zu seinen Schülern: „Hören Sie mir mit Ihrem ganzen Ohr zu, und wenden Sie Ihren Blick nicht von mir ab." Ein guter Ratschlag. Wenn Ihr Freund anfängt, Ihnen über das letzte Kapitel seines, noch ungeschriebenen, großen amerikanischen Romans zu erzählen, richten Sie Ihre Augen so fest auf ihn, daß Sie es nicht einmal merken würden, wenn ein Pfau, der das Rad schlägt, ins Zimmer hereinstolziert käme. Und wenn Sie den Federschmuck des Pfaus bewundern, wenden Sie ihm Ihre ganze Aufmerksamkeit in einem solchen Maße zu, daß

Sie die Worte Ihres Möchtegern-Melville* nicht einmal wahrnehmen.

Da Kinder intellektuell nicht so weit entwickelt sind, widmen wir ihnen manchmal nur einen Teil unserer Aufmerksamkeit, weil wir annehmen, daß dies ihren Ansprüchen genügen werde. Wir lesen ein paar Absätze über den Mittleren Osten, blicken auf und sagen: „Ach, du baust eine Burg. Schön." Dann hüpfen wir wieder zurück um den Erdball. So wird ihnen der aufgeteilte Geist zum Vorbild, das sich ihnen mit Sicherheit auf irgendeiner Ebene einprägt. Außerdem werden die Fähigkeiten der Kinder unterschätzt. Wenn sie spielen, ist dies nicht einfach ein Zeitvertreib, sondern auch ein Lernprozeß, den wir durch unauffällige Hilfeleistungen unterstützen können. Wenn wir ihre Fortschritte nicht aufmerksam verfolgt haben, werden wir uns falsch verhalten und es versäumen, uns zu gegebener Zeit lenkend einzuschalten bzw. – was schlimmer ist – uns zur falschen Zeit einmischen. Um wachsen zu können, brauchen Kinder ein gewisses Umfeld; dazu gehört, soweit dies möglich ist, die Gegenwart eines liebenden Erwachsenen, der ein waches Ohr und Auge für die Belange des Kindes hat und nicht nur zur Aufsicht genötigt ist.

Die kindliche Konzentrationsfähigkeit muß respektiert werden. Auch bei Kleinkindern kann die Aufmerksamkeit, wenn auch nur für eine sehr kurze Zeitspanne, sehr intensiv sein. Vorschulkinder können sich ungeheuer gut konzentrieren. Ich habe von Kindern gelesen, die im Kindergarten eine neue Art des Spielens mit Bauklötzen ge-

* Eine Anspielung auf den großen Epiker Amerikas, Herman Melville (1819–1891), der sich in seinem Roman *Moby Dick* mit der Größe und den Schrecken der Schöpfung auseinandersetzte, indem er das tragische, aber würdevolle Schicksal des nach dem geheimnisvollen weißen Wal suchenden Seemanns schilderte (Anm. der Übersetzerin).

lernt haben und das neue Spiel mindestens fünfzigmal ganz gefesselt ausprobieren. Dabei kann man den Tisch, auf dem die Bauklötze liegen, und den Stuhl, auf dem das Kind sitzt, verrutschen, ohne es abzulenken.

Konzentration ist Weihe

Wenn Sie Ihren Geist in der hier vorgeschlagenen Weise entwickeln und sich auf einen einzigen Punkt konzentrieren lernen, so wird Ihr Leben mit jedem Augenblick reicher. Sie werden feststellen, daß Ihre Sinne schärfer, Ihre Emotionen stabiler, Ihr Denken klarer und Ihr Feingefühl für die Bedürfnisse anderer gesteigert werden. Was auch immer Sie tun, Sie werden der jeweils vorliegenden Aufgabe größere Aufmerksamkeit widmen. Beim Betreten eines Hauses werden Sie die Tür nicht zuschlagen, weil Sie den Lärm nun selber wahrnehmen werden. Sie werden nicht so leicht stolpern oder etwas verschütten oder andere anrempeln, weil Sie sich Ihrer Bewegungen bewußt sein werden. Sie werden Dinge nicht vergessen, weil Ihr Geist richtig geschaltet ist. Sie werden geistig nicht ermüden, denn Sie bewahren Ihre Kräfte. Sie werden weder wankelmütig noch schwankend sein, weil Sie den Geist von seiner Zerstreutheit befreit haben werden. Und – was vielleicht das Allerkostbarste ist – sie werden die Not oder die Freude anderer nicht übersehen, weil Sie ihnen wahrhaft ins Herz schauen werden, wenn Sie Ihnen in die Augen schauen.

Das Erreichen dieser kostbaren – ich möchte sagen wunderbaren – Konzentration auf einen Punkt wird auch die Meditation außerordentlich erleichtern und unsere Fortschritte auf dem geistlichen Weg beschleunigen. Meditation ist Konzentration, und aus Konzentration wird schließlich Weihe. Indem wir uns immer mehr vertiefen, werden wir nach und nach erkennen, daß Besitz, flüchtige Freuden, Ansehen und alle Macht auf Erden uns nie befriedigen können und daß wir vielmehr nach dem von Liebe und Weisheit Erfüllten und Unvergänglichen streben. Wenn wir unser Bewußtsein abdriften lassen, sind wir nur wie Blätter auf der Oberfläche des Lebenssees, von der unendlichen Wirklichkeit weit entfernt. Wenn wir jedoch die Einheit unseres Geistes gewinnen, tauchen wir immer tiefer in diese Wirklichkeit ein und nähern uns immer mehr dem Herrn.

TRAINIEREN DER SINNE

Soviel ich weiß, werden vortreffliche Leistungen allenthalben geschätzt. Wenn berühmte Meister irgendeines Gebiets auftauchen, fangen wir Feuer. Ich habe mich schon immer für Sport interessiert und schaue mir immer noch gern Übertragungen von den Olympischen Spielen oder Tennisturnieren im Fernsehen an; mich fasziniert es, wie die Spitzensportler Körper, Urteilskraft und Ausdauer trainiert haben. Jene hervorragenden jugendlichen Schwimmer, jene Turner und Turnerinnen, die Zirkusartisten übertreffen, müssen in sehr jungen Jahren angefangen haben. Wieviel Hingabe und Einsatz muß es erfordern! Man kann nicht umhin, die Disziplin und Begeisterung, die hinter jeder Goldmedaillenleistung stecken, zu bewundern.

Ebenso wie der Körper trainiert werden kann, um Meisterleistungen im Schwimmbad oder am Stufenbarren zu vollbringen, können wir auch unsere Sinne trainieren und dadurch uns selbst sowie den Menschen um uns einen Riesengewinn bringen. Dann werden unsere Sinne zu treuen Dienern. Wenn sie jedoch nicht trainiert werden, entwickeln sie sich, wie wir sehen werden, zu tyrannischen Herrschern.

Der heilige Franz von Assisi drückte den Sachverhalt sehr gut aus. Er sprach von „Bruder Mond“ und „Bruder Wolf“, als seien diese enge Verwandte, wie sie es auch tatsächlich sind; und aus der Gelöstheit eines großen Mystikers sprach er ähnlich über seinen Körper und seine Sinne. „Dies ist Bruder Esel“, pflegte er zu sagen, „und ich werde gut für ihn sorgen. Ich werde ihn waschen, füttern und sich ausruhen lassen. Aber ich werde ihn reiten und ihn nicht mich reiten lassen." Stellen Sie sich vor, Sie gehen auf einer ländlichen Straße in Italien spazieren und erblicken auf einmal einen Bauern, der fast zu Boden gedrückt Ihnen über eine Kuppe entgegenkommt und einen Esel auf dem Rücken trägt. Ein lächerliches Bild! Aber tun wir nicht gerade dies, wenn wir unseren Sinnen und unserem Körper die Herrschaft und alle Befehlsgewalt überlassen? Glauben Sie mir, sie sind keine guten Herren, sondern fordern und reiten uns sehr hart. Durch das Trainieren der Sinne befreien wir uns von der Unterjochung und übernehmen wieder unsere eigentliche Rolle als ihr Meister.

Um es anders auszudrücken, unsere Sinne sind wie junge Hunde. Wenn Sie jemals einen besessen haben, werden Sie wissen, wie ein junger Hund sich einen Pantoffel schnappt und knurrend daran herumzerrt, bis er zerfetzt ist. So etwas erwartet man von einem Welpen, aber wir wollen nicht, daß der erwachsene Hund sich auch so benimmt. Um ein guter Freund und Begleiter zu werden, muß er erzogen werden; zum Glück ist der Hund lernfreudig. In ähnlicher Weise können auch die Sinne gute Freunde werden, wenn sie geschult werden. Wenn wir sie aber ohne jegliche Schulung frei laufenlassen, richten sie sich einfach gegen uns.

Der Anfang

Die Schulung der Sinne beginnt damit, daß wir ihnen alles versagen, was dem Körper schadet. Wir würden nicht an eine Tankstelle fahren und den Tankwart bitten, das Auto mit Kerosin vollzutanken, weil der Motor damit nicht laufen würde. Um das Auto zum Laufen zu bringen, müssen wir ihm den entsprechenden Treibstoff, das richtige Öl und das passende Kühlmittel geben – und wir tun es auch. Aber bei unserem Körper passen wir nicht so gut auf und geben ihm, vor allem weil sie gut schmecken, alle möglichen Dinge, die die Ernährungskunde – sowie der gesunde Menschenverstand – als schädlich für das gute Funktionieren des Körpers verurteilen. Wir haben noch nicht gelernt, die Bedürfnisse des Körpers und nicht die Reize der Sinne unsere Eßgewohnheiten bestimmen zu lassen.

Mit wachsender Bewußtheit wird es Ihnen weh tun, anderen zuzusehen, die sich durch ihre Sinne zu schlechten Lebensgewohnheiten treiben lassen. Wenn Sie jemanden rauchen sehen, werden Sie das Unwohlsein der Lunge verstehen und sich in die Lage der Bronchiolen versetzen, die vor dem nächsten tabakgeladenen Atemzug beben. Übermäßiges Essen wird Ihnen auch Schmerzen bereiten, und Sie werden den armen Magen in seiner eigenen Sprache rufen hören: „Bitte, bitte, stopfe nicht mehr in mich hinein. Es tut so weh!" Wenn Sie Menschen zusehen, die dem eigenen Körper in dieser Weise schaden, werden Sie um so mehr aufpassen, was Sie selber als Nahrung zu sich nehmen. Mag es früher noch so gut geschmeckt haben, mag es noch so gut riechen oder aussehen, ein Essen ohne Nährwert wird für sie seine Reize verlieren. Sie werden sich dann von all den sterilisierten und künstlich erzeugten Nahrungsmitteln abwenden, die Naturprodukte zu übertrumpfen versuchen: Luftbrot, Trockenpulver als Kaffeesahneersatz, Instant-Frühstück, Käse aus der Sprühdose.

Kinder sind ganz besonders den Reizen der Sinne ausgesetzt. Wir wissen alle, wie die Werbung im Fernsehen einen Schrei nach einer bestimmten Frühstückskost auslöst, die einen geringen oder gar keinen Nährwert hat, einfach weil sie „in" ist oder in drei verschiedenen Geschmacksrichtungen angeboten wird. Kindern, die noch nicht für sich selbst entscheiden können, wird eine Frühstückskost suggeriert, die bis zu 45 % aus Zucker besteht, während sie in dem Alter eigentlich eine wachstums- und kräftefördernde, nahrhafte Kost brauchen. Mit einem solchen Aufwand ist ja Geld zu verdienen! Was noch schlimmer ist, wir machen mit, indem wir die Kinder solche Sendungen anschauen lassen und ihnen die als „in" gepriesenen Süßigkeiten kaufen.

Um Kinder davon zu entwöhnen, bedarf es allerdings unserseits einiger Anstrengung. Wir können ihnen nicht mehr sagen: „Schaut mal, was im Fernsehen läuft" und sie dem Apparat überlassen. Und wir können auch nicht sagen: „Liebling, richte dir dein eigenes Frühstück. Du weißt ja, wo die Nutella steht." Ein größerer Aufwand ist erforderlich, um ein sowohl schmackhaftes als auch nahrhaftes Vollkornfrühstück auf den Tisch zu stellen. Wir müssen uns Zeit nehmen, eine solche Mahlzeit vorzubereiten und uns zu den Kindern zu setzen, damit wir sie gemeinsam genießen können.

Die Vorbereitung gesunder Mahlzeiten setzt auch Grundkenntnisse der Ernährungskunde voraus. Man muß dabei kein Fachmann sein; es genügt, wenn man mit den Grundprinzipien vertraut ist. Jedenfalls würde ich Ihnen empfehlen, sich eher auf die Erkenntnisse ausgewiesener Fachleute als auf irgendwelche Modemeinungen zu verlassen.

Automatisches Essen

Der nächste Schritt zum Trainieren des Geschmackssinns ist, nur dann zu essen, wenn man Hunger hat. Das Essen mag in der Nähe liegen, aber keine Macht zwingt uns, es zu uns zu nehmen. Ärzte haben mir versichert, daß es für uns ebenso leicht ist, einen gleichbleibenden Abstand zum Essen zu wahren oder sogar unseren Abstand davon zu vergrößern, wie uns zum Essen hinziehen zu lassen. Die meisten von uns haben Abendgesellschaften erlebt, bei denen die Gäste – nachdem sie der Gastgeberin beteuert haben, sie könnten keinen Bissen mehr essen – sich dann ins Wohnzimmer begeben, wo Schälchen mit gemischten Nüssen und Pfefferminze und Käse an strategisch günstigen Stellen herumstehen. Nach kurzer Zeit sind alle Schälchen geleert. Wie oft sie auch gefüllt werden, sie werden leer. Jemand sagt ein paar Worte und steckt dann ein Pfefferminz in den Mund. Ein anderer bringt ein schlagendes Argument in eine politische Diskussion ein, wirbelt dann ein paar Erdnüsse in der Hand herum und schleudert sie in den Mund. Ein Dritter steht auf, um auf die andere Seite des Zimmers zu gehen, und macht dabei einen Umweg zum Camembert hin. Wenn wir so essen, tun wir es nicht wirklich bewußt. Unsere Aufmerksamkeit ist geteilt, und wir essen zwanghaft, nicht weil wir Hunger haben.

Automatisches Essen kommt auch vor dem Fernsehgerät, im Kino, im Nachtclub oder bei Sportveranstaltungen vor. Wir sind vom Geschehen ergriffen, und die Hand geht ständig rauf und runter zum Mund wie die automatisch betriebene Hand des Cowboys, die auf dem Reklameschild vor einem Casino in Las Vegas ununterbrochen „Howdy“ winkt. Aber wir können es lernen, das, was wir sehen, uns bewußter zu machen, und eins nach dem anderen zu tun. Dadurch wird der Genuß enorm gesteigert.

Das Essen ist inzwischen etwas so Mechanisches geworden, daß Menschen essen und zugleich reden. Ich habe nichts gegen ein Tischgespräch einzuwenden, das gewiß zum Gelingen einer mit Freunden oder der Familie eingenommenen Mahlzeit dazugehört. Aber es ist etwas ganz anderes, mit vollem Mund über wichtige oder komplizierte Angelegenheiten sprechen zu wollen. Mir scheint es einfach schlechtes Benehmen zu sein, wenn man z. B. in eine Semmel fest hineinbeißt und dann irgendeinen Punkt der Meditation zu erklären versucht. Aber ich bekomme aus den Medien manchmal den Eindruck, daß Reporter und Privatdetektive überhaupt nicht sprechen können, wenn sie nicht eine Tasse Kaffee, eine Zigarette oder irgendein belegtes Brot, das vom benachbarten Feinkostladen vorbeigebracht wurde, in der Hand haben.

Um unseren Geschmackssinn zu trainieren, müssen wir aufhören, mechanisch zu essen, und uns dessen, was wir essen, bewußt werden. Es hilft, wenn wir nur zu Mahlzeiten essen, weil wir unsere Aufmerksamkeit besser auf das Essen richten können, wenn wir an einem Tisch sitzen. Aber auf Zwischenmahlzeiten verzichten? Welch furchtbare Aussicht! Sobald wir das leiseste Hungergefühl spüren – oder vorwegnehmen –, begeben sich viele von uns an den Kühlschrank oder die Keksdose. „Keine Zwischenmahlzeiten heißt, daß wir *hungrig* werden. Wir werden vom Mittagessen bis zum Abendessen warten müssen." Was ist daran schlecht? Es ist gut, etwas hungrig zu sein. Es läßt uns das Essen genießen, wenn wir es dann bekommen. Es läßt unseren überarbeiteten Magen und unser überlastetes Verdauungssystem ihre Arbeit vollenden, bevor wir ihnen Neues zum Verarbeiten zuführen. Und es hilft auch, die gesamte Essensaufnahme zu reduzieren.

Kunstfertigkeit

Wenn Sie tatsächlich feststellen, daß Sie bei einer bestimmten Mahlzeit mehr als angebracht gegessen haben – was den meisten von uns wohl gelegentlich passiert –, habe ich einen einfachen Vorschlag, um das Gleichgewicht wiederherzustellen: Lassen Sie die nächste Mahlzeit aus. Anstatt herumzulaufen und zu sagen: „Warum habe ich es getan? Warum bloß?“ Und sich so aufzuregen, daß Sie gleich wieder an den Kühlschrank gehen, nehmen Sie sich einfach vor, an der nun bevorstehenden Mahlzeit vorbeizusegeln. Der Geist verfängt sich gern in allen möglichen Reuegefühlen, vor allem wenn er ahnt, daß Sie es mit einer Veränderung Ihres Verhaltens doch nicht ernst meinen. Er sagt sich: „Ich darf zuviel essen, das gefällt mir; dann darf ich meinen schwarzen Traueranzug anziehen und eine Zeitlang den Kopf hängen lassen, das gefällt mir irgendwie auch.“

Bei Hochzeiten und anderen besonderen Anlässen feiere ich gern mit meinen Freunden und nehme auch gern voll am Fest teil. Ich will kein Spielverderber sein, der mit Grabesstimme verkündet: „Für mich keine Pastete. Ich unterziehe mich gerade einem strengen Trainingsprogramm für die Sinne.“ Wenn ich also weiß, daß eine üppige Mahlzeit bevorsteht, esse ich bei der vorhergehenden wenig oder lasse sie ganz aus. Dann nehme ich beim Fest ganz, aber nicht unmäßig an allem teil.

Dazu gehört eine gewisse Kunst. Vor einiger Zeit feierte eine junge Bekannte ihren dreizehnten Geburtstag, und ich nahm an der Feier ihres Eintritts in das Teenageralter teil. Alles war auf den Geschmack von Teenagern abgestimmt – „Kalorien zählen nicht.“ Ich setzte mich an den Tisch und fand dort einen großen Silberbecher vor, der mit Erdbeereiskrem gefüllt war. Aber ich verzagte nicht. Da ich im Hinblick auf das Fest ein sehr leichtes Frühstück eingenommen hatte, aß ich den ganzen Becher leer – und zwar mit großem Genuß.

Aber danach wollten meine Geschmacksknospen mehr. Dann mußte ich Festigkeit zeigen: „Jetzt ist Schluß, Jungs“, sagte ich zu ihnen und widmete meine ganze Aufmerksamkeit den um mich sitzenden Freunden. Ich kann Ihnen versichern, daß dies mich viel mehr als eine zweite Portion befriedigte – und ich brauchte keine schnell wirkende Mittelchen aus der Apotheke, als ich nach Hause kam.

Feinschmecker behaupten, daß der wahre Genuß einer guten Küche erfordert, gerade dann zu essen aufzuhören, wenn man gerne noch ein ganz kleines bißchen zu sich nehmen möchte. Auf diese Weise hält der Kenner sein Interesse wach. Hier, wie auf allen Gebieten, kann man das Leben besser genießen und – was noch wichtiger ist – freier sein, wenn man es versteht, kurz vor der Sättigung aufzuhören. Bei Parties kann man sich rechtzeitig verabschieden, während noch alles in vollem Gange ist, anstatt bis tief in die Nacht zu bleiben, bis man erschöpft ist und der Gastgeber nicht weiß, wie er einen hinauskomplimentieren soll. Selbst beim Briefeschreiben gilt dasselbe Prinzip. Haben Sie nie einen überlangen Brief erhalten und sich gefragt, warum der Inhalt nicht in ein paar Absätzen ausgedrückt werden konnte? Wieviel besser ist es, wenn der Empfänger sagt: „Wie schön wäre es, wenn sie noch ein bißchen mehr geschrieben hätte!“

Wachsamkeit

Wir müssen beim Trainieren der Sinne wachsam sein. Eine ganze Zeitlang sind wir so anfällig, daß wir jederzeit auf einen Angriff hereinfallen. Die Sinne sitzen bequem zu Hause, wenn einige ihrer früheren Freunde – Sinnesobjekte – an die Tür kommen und rufen: „Dürfen die Sinne mit uns spielen gehen?“ Wir können natürlich mit Nein antworten, aber wenn wir gerade ein Nickerchen machen, werden die Sinne aufspringen, sich umschauen, sich gegenseitig angrinsen und schnell hinausstürzen.

Nehmen wir an, wir gehen auf dem Weg zum Uhrmacher zufällig an einer Pizzeria vorbei. Wir haben zu Mittag gegessen und denken nicht im geringsten ans Essen. Dann sehen wir das große Schaufenster, hinter dem der Pizzabäcker große mehlbestreute Teigringe in die Luft wirft, und wir halten an, um ihm zuzuschauen. Er öffnet den Holzbackofen und holt eine heiße Pizza mit Champignons auf dem noch brutzelnden Käsebelag heraus – unsere Lieblingspizza! Bevor wir uns versehen, brutzelt eine neue Pizza – unsere – im Holzofen, und wir überlegen uns, ob wir als Salatdressing Knoblauchsauce oder „bleu cheese" haben möchten. Mitten drin erinnern wir uns mit etwas schlechtem Gewissen daran, daß wir eigentlich unsere Sinne trainieren wollten.

Eine solche Versuchung scheint überall zu lauern. Dem Beispiel der Pizzeria werden Sie vielleicht das Süßigkeitengeschäft, die Bäckerei oder den Schnellimbiß hinzufügen müssen. Mögen die Versuchungen noch so zahlreich sein, Sie werden sie sicher überwinden, wenn Sie tagtäglich gegen sie ankämpfen. Es mag zwar einige Ausrutscher und Niederlagen geben, manchmal werden Sie nur knapp davonkommen, aber Sie werden auch erfolgreiche Siege erringen. Bleiben Sie nur am Ball!

Weil unsere Gewohnheiten sehr tief eingefleischt sind, dürfen wir nicht zu schnell große Erfolge erwarten. Wir müssen abwägen, was zur gegebenen Zeit im Bereich des Möglichen liegt. Wir wollen ja unsere Sinne zu treuen Dienern, nicht zu gemeinen Sklaven machen. Wir müssen sie verstehen und ihnen zugleich Festigkeit und Sanftmut erweisen, d. h. etwas mehr von ihnen fordern, als sie bislang gewohnt waren, aber sie nicht unverhältnismäßig überfordern. Wir müssen wissen, wann es angebracht ist, strenge Anordnungen zu erteilen, wann sie durch Argumente oder Verhandlungen umzustimmen sind und wann man ihnen ein wenig freien Lauf gewähren sollte.

Bei den ersten Versuchen, die Sinne zu schulen, ist es nützlich, ein paar Schachzüge parat zu haben, die man gegen die Sinne ausspielen kann. Sie sind eigentlich gut zu haben und lassen sich leicht versöhnen, wenn man sie richtig anpackt. Wenn Sie z. B. ein Verlangen nach Süßigkeiten verspüren, können Sie Ihren Geschmacksknospen einen nahrhaften Ersatz in Form von Rosinen oder frischem Obst anbieten, den sie in der Regel annehmen werden. Wenn die Sinne einen Wunsch anmelden, können Sie es versuchen, ihnen zu sagen: „Wenn ihr das nach einer Stunde immer noch haben wollt, kriegt ihr es." Bis dahin wird der Wunsch sehr wahrscheinlich abgeklungen sein, da es zum Wesen der Wünsche gehört, immer wieder nur kurz aufzuflackern.

Das Mantram kann sich auch als Verbündeter beim Trainieren der Sinne erweisen, vor allem wenn einen ein negatives Gefühl überkommt und man sich gezwungen fühlt, es aus dem Kühlschrank herauszuholen. Irgend etwas geht bei der Arbeit schief, und wir verspüren ein Verlangen, einige Krapfen oder ein Stückchen Ananaskäsekuchen zu verschlingen. Das Problem wird dadurch nicht gelöst; vielmehr steigert sich die Aufregung. Warum setzen wir die Kraft dieses negativen Gefühls nicht statt dessen konstruktiv ein? Wenn wir flott spazierengehen und dabei das Mantram wiederholen, trainieren wir nicht nur den Körper, sondern verwandeln die negativen Gefühle in ihre positiven Gegenstücke: Aus Ärger wird Vergebung, aus Eifersucht Mitgefühl, aus Niedergeschlagenheit Freude.

Die Meditation ist natürlich unser wirksamstes Werkzeug beim Umdirigieren des Geistes und bei der geistigen Generalüberholung. Wenn man sie aufrichtig und regelmäßig übt, kann sie zu einer völligen Umwandlung der Bewußtseinsinhalte führen. Eine allmorgendliche und abendliche Meditation allein wird allerdings keine

Veränderung unserer Eßgewohnheiten herbeiführen. Wir müssen vielmehr im Laufe des Tages weise Entscheidungen treffen. Die Meditation macht uns zwar frei dafür, aber ausführen müssen wir die Entscheidung dann immer noch. Wenn wir eine halbe Stunde lang meditieren und uns dann in die Konditorei begeben, machen wir die Früchte der Meditation zunichte. Wenn wir aber die durch Meditation freigegebenen Kräfte dafür einsetzen, ein gesundes Frühstück zu uns zu nehmen, bedeutet dies den Beginn eines Umwandlungsprozesses. Deswegen spreche ich oft von der Meditation *zusammen mit* den Begleitdisziplinen. Im vorliegenden Fall heißt es, daß die Meditation uns beim Trainieren der Sinne unterstützt und daß das Trainieren der Sinne aus unserer Meditation schöpft und sie zugleich vertieft.

Wir haben eine Wahl

Die einzige Voraussetzung dafür ist ein persönliches Verantwortungsgefühl. Viele Menschen nehmen zu und behaupten felsenfest, daß man nichts dagegen tun könne. Ihre Beteuerungen wirken nicht sehr überzeugend, vor allem nicht, wenn man einen Blick auf ihre vollgehäuften Teller wirft. Wir können nur dann Fortschritte machen, wenn wir offen zugeben, daß wir ein Gewichtsproblem haben, weil wir zuviel essen – und wir essen zuviel, weil wir ein anderes Verhalten noch nicht eingeübt haben.

In diesem Zusammenhang denke ich gern an zwei britische Schriftsteller, für die ich als Anglistikprofessor in Indien schwärmte: George Bernhard Shaw und G. K. Chesterton. Über beide wurde in den Nachrichten oft berichtet, und sogar in Indien erfuhren wir viel über ihr jeweiliges persönliches Leben. Was für ein Unterschied! Shaw war ein hochgewachsener, schlanker Mann, der kein Gramm Übergewicht hatte. Er wurde Vegetarier, als dies in England ziemlich unbekannt war, und man befürchtete in Schriftstellerkreisen, daß dieser vielversprechende Literat vorzeitig das Zeitliche segnen würde. Auch angesehene Londoner Ärzte warnten ihn, daß seine neuen Eßgewohnheiten sein Leben verkürzen könnten. Bekanntlich schrieb er noch im Alter von achtzig und mehr Jahren weiterhin großartige Stücke, und seine Freunde legten ihm nahe, seine damaligen Ärzte wieder aufzusuchen und ihnen zu melden, wie gut es ihm ging. „Das täte ich gern", antwortete er, „aber leider lebt keiner von ihnen mehr."

Chesterton dagegen wog dreihundert Pfund und war dem Gaumengenuß sehr zugetan. Man kann sich vorstellen, wie unterschiedlich sie aussahen, wenn sie sich begegneten. Beide hatten einen wunderbaren Sinn für Humor und genossen es, dem anderen scharfe Dolchstoße des Witzes zu verpassen. Chesterton soll Shaw einmal gemustert und gesagt haben: „Wenn man dich, GBS, anschaut, müßte man meinen, es herrsche in Merry Old England Hungersnot." Worauf Shaw angeblich antwortete: „Wenn man dich, GKC, anschaut, weiß man, was daran schuld war."

Die Macht der Konditionierung

Die Schwierigkeit, dem Verlangen der Sinne zu widerstehen, rührt von der Macht der gegen uns wirkenden Konditionierung her. Wenn z. B. ein Fluß seine volle Wucht entfaltet hat, kann man ihn schwer anhalten oder auch nur umleiten. Die meisten unserer Wünsche entfalten eine solche Kraft und kerben sich durch Wiederholung tief in den Geist ein. Aber ebenso wie man einen Fluß umleiten oder stauen kann, lassen sich festgefahrene

Verhaltensmuster ändern. Natürlich besteht eine Relation zwischen der Länge des Bestehens des eingeschlagenen Verhaltensmusters und dem erforderlichen Aufwand, um es zu ändern, aber man kann es ändern, wenn man aus der durch Meditation freigesetzten Kraft schöpft.

Was die Sinne betrifft, eignen wir uns die meisten Vorlieben und Abneigungen bereits in der frühen Kindheit an. Eine Mutter gibt ihrem Kleinkind einen Becher Joghurt, und schon rümpft eine bereits konditionierte Nachbarin empört die Nase und stöhnt: „*Natur*joghurt?" Wenn solche Aussprüche häufig genug wiederholt werden, reagiert das Nervensystem des Kindes automatisch darauf.

Es ist konditioniert worden, und wir verlieren bei jeder solchen Konditionierung ein gewisses Maß an Freiheit bzw. an Entscheidungsfreiheit. Somit nähert sich das Kind dem Tag, an dem es bei jeder gesunden, aber nicht süßen Nahrung die Nase rümpft und den Teller mit einem lauten „Nein" wegschiebt.

Die meisten von uns haben eine solche Konditionierung durchgemacht, aber wir erinnern uns normalerweise nicht an das Wann oder Wo oder Wie. Der Auslöser bzw. die Auslöserin der Konditionierung wußte wahrscheinlich nicht, daß er/sie uns Reaktionen einflößte und unserem Bewußtsein Schranken setzte. In der Tat fangen wir jedoch an, der Nahrung selbst unangenehme Eigenschaften zuzuschreiben. Wir mögen den uns angebotenen Joghurt nicht, weil er uns nicht gut schmeckt, obwohl die neben uns sitzende Dame eine ganze Schüssel dieses ungesüßten und nicht durch Fruchtgeschmack angereicherten Naturprodukts genüßlich auslöffelt. Dabei handelt es sich um den gleichen Joghurt; nur die Konditionierung ist anders.

Vor kurzem erlebte ich die große Macht einer solchen Konditionierung bei einem meiner jungen Freunde, der

Fußballspieler werden will. Zufällig haßte er Zucchini, ein Gemüse, das mir recht harmlos vorkommt. Eines Tages sagte ich ihm also: „Wenn der Herr zu dir käme und sagte: ‚Ich mache dich zum größten Fußballspieler Amerikas, wenn du jeden Tag Zucchini ißt‘, wie würdest du antworten?“ Er schwieg, und ich sah, daß er mit sich kämpfte. Schließlich antwortete er: „Ich würde ihm sagen: ‚Nein, Herr.‘“

Die Macht von Vorlieben kann ebenso stark sein. In meinem Heimatstaat Kerala, wo Cashewbäume gedeihen, mögen die meisten Menschen Cashewnüsse. Auch ich aß sie gern, aber als ich von Kerala wegzog, um an einer Universität in Zentralindien zu lehren, verschwanden Cashewnüsse mehr oder weniger aus meinem Leben.

Dann, als ich nach Amerika kam und jemand mir eine große Dose Cashewnüsse schenkte, staunte ich über die Reaktion meines Geistes: Die alte Anziehung dieser Nüsse überflutete mich, und ich hörte meinen Geist sagten: „Ach, endlich, *Cashews*!“

Inzwischen verstand ich jedoch das Vorgehen meines Geistes und war dabei, meine Sinne zu trainieren. So sagte ich: „Ach, du weißt also noch, wie gut Cashewnüsse schmecken?“

Der Geist sagte: „Tue nicht so lange mit dem Reden herum. Machen wir uns darüber!“

Darauf antwortete ich: „Ich glaube, du hast schon wieder vergessen, wer hier bestimmt. Aber da ich weiß, daß du diesen Nüßchen sehr zugetan bist, und ich ein fairer Mensch bin, schließe ich mit dir einen Handel ab. Sobald du aufhörst, so aufdringlich nach Cashewnüssen zu verlangen, gebe ich dir welche.“

Dann stellte ich die Cashewdose neben mich auf den Tisch und wandte mich meiner wissenschaftlichen Arbeit zu. Eine Zeitlang tobte der Kampf weiter: Beim Lesen einer wichtigen Stelle bei Ralph Waldo Emerson spürte ich, wie etwas Kleines und Glattes meine Fingerspitzen berührte. Ein Teil meines Geistes hatte – mir vollkommen unbewußt – die Hand zur Cashewdose geschickt. „Was geht hier vor?“ fragte ich ernst.

„Ach, nichts, nichts“, antwortete der Geist. „Wir wollten keine Nüsse *essen*. Wir wollten nur feststellen, wie sie sich anfühlen.“

Ich mußte nichts weiteres sagen. Die Hand kam zurück, und der Geist wandte sich schleunigst dem Buch *The American Spirit* zu, wo er eigentlich hingehörte.

Schließlich gab der Geist seine Schliche auf und trat zurück. Ich sah die Cashewdose an und erkannte ihren Inhalt als das, was er wirklich war, nämlich Nüsse aus Indien, meiner früheren Heimat. Der Geist rührte sich nicht. „Gut gemacht“, sagte ich, „*jetzt* darfst du welche genießen.“ Es waren die besten Cashewnüsse, die ich jemals gegessen habe, weil ich sie in Freiheit genoß.

Bei den ersten Versuchen, mit Vorlieben und Abneigungen zu jonglieren, kann es zu großen inneren Irritationen kommen. Einige der Speisen, für die Sie sich entschieden haben, werden vielleicht furchtbar schmecken, während einige derjenigen, *gegen* die Sie sich entschieden haben, äußerst schmackhaft erscheinen. Nach und nach werden Sie jedoch merken, daß die wunderbaren Jonglierkünste, die Sie sich mühsam aneignen, Ihre Anstrengungen mehr als ausgleichen. Es kann sogar sein, daß Sie, wie Schundzeitschriften behaupten, anfangen, „Freunde und Bekannte zu verblüffen“.

Eine mir bekannte junge Frau ging in eine Eisdiele, als sie gerade mit dem Trainieren der Sinne begonnen hatte, und fragte den Inhaber: „Welche Geschmacksrichtung aus Ihrem Angebot schmeckt am schlechtesten?“

„Lakritz“, antwortete der Mann. „Sicher Lakritz.“

Daraufhin bestellte sie einen Becher Eis mit Lakritzgeschmack und aß ihn leer. Als sie zahlen wollte, winkte der

Inhaber der Eisdiele mit den Worten: „Ein Geschenk des Hauses" voller Bewunderung ab.

Im Laufe der Zeit werden Sie feststellen, daß der Genuß erheblich gesteigert wird. Von jeglicher Konditionierung befreit, werden Sie alles nun in vollkommener Freiheit genießen, und zwar nicht nur das, was Sie schon immer gemocht haben, sondern auch das, was Ihnen früher nicht schmeckte. Es wird Ihnen nämlich klar, daß das Schmecken und Nichtschmecken eine Frage der Einstellung ist und daß man die Einstellung ändern kann.

Die Wahl der Unterhaltung

Bisher haben wir uns auf das Essen konzentriert, aber wir verzehren nicht nur mit dem Mund. Auch die Augen und Ohren können verzehren. Ebenso wie wir beim Trainieren der Sinne bei dem, was wir über den Mund einnehmen, wachsam sind, müssen wir auch aufpassen, was wir mittels anderer Sinne in uns aufnehmen.

Ein gutes Theaterstück – eins, das das menschliche Wesen ergründet, unseren Horizont erweitert oder sogar eines, das bloß leichte Unterhaltung bietet – kann dem Geist eine gesunde Nahrung sein. Ein schlechtes Stück ähnelt hingegen einem kalten Buffet, bei dem man soviel essen darf, wie man will: Wir stopfen uns voll und leiden danach an schweren geistigen Verdauungsstörungen. Und wie steht es mit dem Kino? Ich ging früher gerne hin, bis ich es langsam satt hatte, den Schauspielern zuzuschauen, wie sie sich in jedem Film drei- oder viermal auszogen. Allerdings entdeckte ich schon vor Jahren, daß auch dies zum Positiven gewendet werden kann.

Ich erinnere mich daran, wie die Zuschauer vor jeder heißen Szene unruhig wurden, so daß man hier und da Leute sprechen, husten, Süßigkeiten oder sonstiges Knabberzeug zu sich nehmen hören konnte. Dann herrschte auf einmal absolute Stille. Alle saßen regungslos vor Spannung und vollkommen konzentriert da, richteten sich höchstens auf, um die Szene besser anschauen zu können.

An diesem Punkt nahm ich mir etwas sehr Schwieriges vor, indem ich versuchte, die Augen zu schließen. Zunächst legte ich meine Hände darüber, aber sie öffneten sich für gewöhnlich, so daß ich immer noch einen Blick auf das Geschehen erhaschen konnte. Nach und nach gelang es mir, die Lider geschlossen zu halten, aber die Augen selbst wehrten sich weiter und riefen: „Das geht zu weit!" Ich strengte mich dennoch weiter an und sagte mir: Wenn ich etwas anschaue, will ich selbst einigermaßen bestimmen, was es ist. Ich wollte nämlich nicht, daß sich irgendwelche automatischen Reaktionen meiner bemächtigen.

Auf diese Weise gewann ich nach und nach die Herrschaft über meinen Gesichtssinn. Danach konnte ich meine Augen nach eigenem Gutdünken gebrauchen und sie bei solchen Szenen auf das Publikum anstatt auf den Film richten. So lernte ich den Zwang kennen. Welche ungeheuere Macht! Wenn die Zuschauer die dabei an den Tag gelegte Konzentration nur in die Meditation hätten dirigieren können!

Ein solches Trainieren der Sinne führt dazu, daß das, was einst die Sinne großartig kitzelte, nun aus der richtigen Perspektive betrachtet wird. Bei zunehmendem geistigem Bewußtsein wird uns immer klarer, daß der Körper eine Art Gewand ist, das Nonplusultra eines Kostüms. Wir können nämlich nicht wirklich nackt sein, bis wir den Körper im Tode ablegen.

In diesem Zusammenhang erinnere ich mich an eine Hochzeit, bei der einige Nichten sich feierlich anzogen und mir ihre kleinen weißen Handschuhe zeigten. Eine sagte dabei: „Onkel, du hast keine Handschuhe!"

Ich zeigte ihnen dann meine Hände und sagte: „Doch, ich habe Handschuhe, und zwar eigens für mich angefertigte. Sie passen so gut, daß man nicht einmal die Nähte ausfindig machen kann."

Wenn man zu einer solchen Erkenntnis gelangt ist, verliert man das Interesse am Ausziehen von Schuhen und Hemden auf der Leinwand, da man weiß, das sie ihr eigentliches Kleid weiterhin tragen. Das Ganze erscheint einem dann nicht mehr als Kitzel des Unerlaubten, sondern als etwas Langweiliges. Wenn solche Szenen heute auf dem Bildschirm erscheinen, nicke ich oft ein.

Im Namen schlagkräftiger Kommunikation bieten uns die Medien zunehmend auch mindere Sprache an – ein paar abgedroschene, vulgäre Geschmacklosigkeiten, die bei jeder Gelegenheit ausgepackt werden. Vermutlich sollen sie uns schockieren, aber was mich schockiert, ist die Tatsache, daß Menschen es dulden, die ganze Breite ihrer Ausdrucksfähigkeit in ein paar schalen Interjektionen zusammenfassen zu lassen. Es mag altmodisch klingen, aber ich würde es empfehlen, über den Mund zu wachen, um sicherzustellen, daß nur die richtige Art von Worten herauskommt. Dies ist eine weitere Form von Sinnestraining. Vulgäre Sprache, Sarkasmus, Klatsch, sogar sinnloses Geplauder sollen alle kein Ausreisevisum bekommen.

Die Sufis drücken diesen Gedanken in einer herrlichen Metapher aus und raten uns, erst dann zu sprechen, wenn unsere Worte drei Tore passiert haben. Beim ersten Tor fragen wir uns: „Sind diese Worte wahr?" Wenn ja, dürfen sie weitergehen; wenn nein, müssen sie zurückkehren. Beim zweiten Tor fragen wir: „Sind sie notwendig?" Auch wenn sie wahr sind, müssen sie nicht allein deswegen gesprochen werden; sie müssen vielmehr einem sinnvollen Zweck dienen. Klären sie die Situation oder helfen sie jemandem? Oder schlagen sie einen dissonanten oder irrelevanten Ton an? Beim letzten Tor fragen wir: „Sind sie gütig?“ Wenn wir immer noch das Gefühl haben, sprechen zu müssen, obliegt es uns, Worte zu wählen, die aufbauend und liebevoll, nicht peinlich und verletzend wirken. Wir wissen alle, wie Schläge wirken, aber wir sind uns nicht bewußt, daß Worte einem anderen Menschen eine noch schmerzhaftere Verletzung zufügen können, die u. U. viele Jahre lang weiterhin weh tut. Wir begreifen auch nicht, daß Worte einen furchtbar destruktiven Einfluß auf das Bewußtsein ihres Benutzers haben können.

Die Macht der Gedanken

Auch Gedanken prägen sich dem Geist tief ein. Der Buddha sagt mit Nachdruck: „Alles, was wir sind, ist das Ergebnis dessen, was wir gedacht haben.“ Mehrmals wies Jesus darauf hin, daß schon das Denken an eine Handlung unser Bewußtsein ebenso stark wie ihre Ausführung beeinflussen kann.

Wir sind alle über die landesweite Zunahme von Gewaltverbrechen entsetzt und reagieren darauf, indem wir mehr Waffen kaufen, schärfere Hunde ausbilden, sicherere Schlösser einbauen und höhere Zäune errichten. Was wir allerdings nicht erkannt haben, ist die Tatsache, daß wir in einer zunehmend gewalttätigen physischen Welt leben, weil wir – hauptsächlich durch die Medien beeinflußt – es vorgezogen haben, auch in unserer geistigen Welt zunehmend Gewalt herrschen zu lassen.

Jedesmal, wenn wir eine Fernsehsendung anschauen oder eine Geschichte lesen, in der es gewalttätig zugeht, wird der Geist ebenso stark mit Gewalt getränkt, wie es beim unmittelbaren Erleben von Gewalt der Fall gewesen wäre. Was noch erstaunlicher ist, wir bezahlen freiwillig, um solche Gewalt zu erleben und sie in unserem Geist Wirklichkeit werden zu lassen. Wenn wir dies wiederholt tun, stumpfen wir allmählich ab, so daß die Anwendung von Gewalt nach und nach zu einem möglichen Ausweg aus der Frustration, der Armut und der Ungerechtigkeit wird. Es kann sogar so weit kommen, daß wir ihr Beifall spenden.

Wenn wir das Medienangebot selektiv in Anspruch nehmen, schützen wir uns vor sehr vielen banalen Vorstellungen, die uns von der dauerhaften Freude im eigenen Herzen ablenken. Wie oft sind uns dieselben abgedroschenen Vorstellungen vorgeführt worden: Rauchen und Trinken als Zeichen der Kultiviertheit; eine rasante Fahrweise als Mutbeweis; der tägliche Partnerwechsel als Zeichen der Männlichkeit bzw. Weiblichkeit; die Anwendung von Gewalt als Machterweis; Gleichgültigkeit als Zeichen der persönlichen Freiheit. Kein Wunder, wenn die Mystiker sagen, unsere Welt stehe kopf! Sich überall sicher zu fühlen, ist ein Zeichen der Kultiviertheit; unerschütterlich zu sein, ist ein Zeichen des Mutes; jedem in beständiger Liebe zugetan zu sein, ist ein Zeichen der Männlichkeit bzw. Weiblichkeit; zu vergeben bezeugt Kraft; die Beherrschung der Sinne erweist, daß man frei ist.

Das Ziel

Wenn wir die Sinne übermäßig reizen, entströmt ihnen die Lebenskraft wie Wasser einem lecken Eimer und läßt uns physisch, emotional und geistig ausbluten. Jene, die sich ein ganzes Leben lang einer Stimulierung der Sinne hingeben, sind oft am Ende ihres Lebens erschöpft, haben einen geschwächten Willen und besitzen kaum die Fähigkeit, andere zu lieben. Wenn wir jedoch die Sinne trainieren, bewahren wir die Lebenskraft, die uns erhält. Von innerer Geduld und Sicherheit getragen, brauchen wir keine Befriedigung in Äußerlichkeiten zu suchen. Was auch immer um uns herum geschieht – seien die Ereignisse für oder gegen uns gerichtet, ob die Menschen sich so oder so benehmen, ob wir das bekommen, was uns gefällt oder nicht –, wir sind in keiner Weise abhängig. Dann, und nur dann, können wir andere uneingeschränkt beschenken; dann können wir wahrhaft lieben.

Dies hat weitreichende Konsequenzen. Der Historiker Arnold Toynbee charakterisierte unsere Zivilisation als von den Sinnen geprägt und ohne geistiges Fundament. Ein schwerwiegender Vorwurf, aber m. E. zutreffend. Die Gesellschaft orientiert sich immer mehr nach den Sinnen, so daß die Menschen immer verzweifelter versuchen, sich an das von Natur aus Vergängliche zu klammern, nämlich an die flüchtigen Freuden des Auges, der Ohren, der Geschmacksknospen und des Körpers. Darum handelt es sich nicht um Recht und Unrecht, sondern um Logik. Wenn man, wie alle Menschen, ein Bedürfnis empfindet, das nur durch Beständiges zu erfüllen ist, kann das Verlangen nicht durch etwas Flüchtiges gestillt werden, das einmal da, einmal nicht da ist und worauf man sich nie verlassen kann. Wenn man sich auf einem sinkenden Schiff befindet, flüchtet man sich nicht auf Packeis, das schmelzen wird, bevor man ans Ufer gelangt, sondern hält Ausschau nach einem stabilen Boot mit einem Ruder, das einen sicher nach Hause steuern wird.

Inzwischen wird es klar geworden sein, daß das Trainieren der Sinne auch ein Trainieren des Geistes bedeutet. Könnten wir objektive Beobachter dessen werden, was im Geist vor sich geht, wenn wir ein Stück Apfelstrudel oder das aktuelle Sexsymbol in einem Film sehen, würden wir feststellen, daß eine Woge des Begehrens aufgekommen ist, die den Geist beunruhigt, wie eine

Woge die Oberfläche eines Sees aufwühlt. Wo es viele starke Begierden gibt, ist der Geist ständig in Aufruhr. Gewaltige Wellen peitschen die Oberfläche und wühlen die Sedimente auf, so daß wir den Boden des Sees unseres Geistes nicht sehen können, nämlich unser wahres Ich. Wenn wir unsere Sinne trainieren und unsere Begierden beherrschen lernen, kommen immer weniger Wellen auf. Allmählich wird unser Geist still, und wir können unsere wahre Identität entdecken. Jede große Religion betont, daß wir, um Gott zu erkennen, den Geist beruhigen müssen. Wie die Bibel sagt: „Sei still und wisse, daß ich Gott bin."

Wenn die Sinne trainiert sind, werden sie zu dieser erhabenen Ruhigstellung des Geistes harmonisch beitragen. Wenn wir mit anderen Menschen umgehen, wenn wir arbeiten oder spielen, müssen wir unsere Sinne etwas nach außen schicken. Bei der tiefen Meditation werden sie jedoch gehorsam zurückkehren, wie es sich für gute Dienstboten geziemt, wenn ihre Herrschaft – die Seele – einen besonderen Gast zu Besuch hat, nämlich den geliebten Herrn. Die heilige Teresa von Avila drückt dieses Ziel, das für jeden erreichbar ist, der sich dem Training zu unterziehen bereit ist, mit folgenden schönen Worten aus: „Sie werden sofort spüren, wie Ihre Sinne sich sammeln. Sie erscheinen wie Bienen, die in den Bienenstock zurückkehren und sich dann einschließen, um an der Herstellung von Honig zu arbeiten; und dies wird ohne Anstrengung oder Sorge Ihrerseits geschehen. [. . .] Beim ersten Ruf des Willens kehren sie immer schneller zurück. Schließlich, nach sehr vielen Übungen dieser Art, macht Gott sie einem Zustand absoluter Ruhe und vollkommener Kontemplation geneigt."

ANDERE AN ERSTE STELLE SETZEN

Meine Großmutter war eine bemerkenswerte Frau. Wir stammen aus einer Familie, die seit Jahrhunderten matriarchalisch ist, und innerhalb unserer über hundert Mitglieder starken Großfamilie hatte die Großmutter schwere Verantwortung zu tragen. Sie stand gern vor Sonnenaufgang auf, lange bevor die Hitze der tropischen Sonne erdrückend wurde, und arbeitete den ganzen Tag hindurch, wobei ich mich nicht daran erinnern kann, daß sie jemals etwas nur für sich tat. Selbständig, selbstsicher und ohne Furcht stand sie fest wie eine Säule in jeder Krise, sei es bei einem Sterbefall in der Familie oder bei einer Mißernte. Beim Gebet und bei der Arbeit war sie allein ein Vorbild.

Aber Großmutter konnte auch spielen. Sie konnte ihre Jahre ablegen und sich zu den spielenden Kindern gesellen – und zwar nicht nur zu den Mädchen; wenn wir Jungen Ball oder Fangen spielten, spielte sie nicht nur fest mit, sondern steckte uns meistens in den Sack. Bei einem bestimmten alljährlichen Fest stand sie gern auf der Schaukel, die wir im Hof aus Bambus und Palmen gebastelt hatten, suchte einen der stärksten Jungen aus und forderte ihn auf: „Schiebe mich an, so hoch du kannst!" Dann wippte sie in gewaltigen Bogen hoch, und das Holz ächzte nur so unter der Belastung, während der Frauen der Atem stockte und wir Jungen sie voller Bewunderung anstarrten.

Großmutter besaß ein großes Geheimnis: Sie wußte, wie man andere an erste Stelle setzt. Wenn sie sich überhaupt die Mühe machte, an die eigenen Bedürfnisse zu denken, dann immer erst nachdem für alle anderen gesorgt war. Dabei denke ich an Kleinigkeiten, die einem Kind so viel bedeuten. An Schultagen bereitete sie mir immer etwas Besonderes – eine Lieblingsspeise, einen Leckerbissen – zum Mittagessen, und ich rannte den ganzen Weg nach Hause, um bei ihr zu sein. „Da kommt der Malabar-Schnellzug!" pflegte sie zu sagen und setzte sich zu mir, um mir beim Essen Gesellschaft zu leisten, obwohl sie selber nicht zu dieser Zeit zu Mittag aß. Einer der Priester des Dorfes nannte sie „Große Mutter" – vermutlich weil sie uns so gut hegte und pflegte.

Einmal, als ich irgendeine Krankheit hatte, ordnete der ortsansässige Arzt an, daß ich ein ganzes Jahr lang salzlose Kost bekommen sollte. Dreihundertfünfundsechzig Tage ohne Salz! Ich kann Ihnen nicht sagen, wie schlimm es war, zu so etwas verurteilt zu werden, und das in einem tropischen Land, in dem Salz zu fast jedem Gericht gehört. Meine Schulkameraden meinten dazu: „Warum wirfst du dich nicht gleich in den Fluß?"

Am Tag nach dieser ärztlichen Anweisung ging ich mit einem sehr, sehr langen Gesicht an den Frühstückstisch. „Was soll's?" sagte ich, auf meinen Teller herunterstarrend. Alle sahen mich mitleidig an, aber was konnten sie tun? Sie fühlten sich machtlos.

Aber Großmutter schaffte Abhilfe: Während sie mich bediente, sagte sie still: „Ich werde auch in den kommenden zwölf Monaten salzlos essen." Ich glaube nicht, daß mir ein Frühstück jemals besser geschmeckt hat.

Oben sagte ich, daß Großmutter ein Geheimnis hatte, aber das soll nicht bedeuten, daß sie irgend etwas versteckte. Die traurige Wahrheit ist vielmehr, daß die meisten Menschen dieses Wissen gar nicht suchen. Der Hauptgrund dafür liegt m. E. darin, daß sie nicht erkennen, welche Freude und welches Gefühl der Freiheit es schenkt.

Eines Tages kam ich tiefbesorgt aus der Schule zurück: Ich hatte zum ersten Mal ein Kind gesehen, das an Elefantiasis, einer schrecklichen Krankheit, die hierzulande glücklicherweise nicht vorkommt, litt. Die Beine des kleinen Jungen waren stark angeschwollen, das Gehen fiel ihm sehr schwer, und er konnte natürlich nicht an unseren Spielen teilnehmen. Ich berichtete meiner Großmutter darüber und sagte: „Großmutter, es muß für ihn furchtbar sein, an Elefantiasis zu leiden und nicht spielen zu können."

Ihr Gesicht erfüllte sich mit Mitleid, und sie sagte: „Ja, der Junge wird es im Leben sehr schwer haben." Dann fügte sie hinzu: „Aber unter einer Million Menschen leidet nur einer an Elefantiasis des Beins. Es gibt jedoch eine viel schlimmere Krankheit, die uns befallen kann, wenn wir uns nicht ständig dagegen wehren."

„Welche, Großmutter?"

„Elefantiasis des Ich."

Je mehr ich im Laufe der Jahre über diese Bemerkung nachgedacht habe, desto einsichtiger erscheint sie mir. Damit wollte sie sagen, daß unsere aufgeschwollene Beschäftigung mit uns selbst eine schlimmere Bedrohung im Leben darstellt. Diese Einsicht wird von den Lehren aller Religionen bestätigt. Uns wird wiederholt gesagt, daß das Ego bzw. die Selbstsucht, d. h. unser Trieb, uns von der Ganzheitlichkeit der Schöpfung zu trennen, die Quelle allen Leides ist. Die Selbstsucht hält uns davon ab, andere zu akzeptieren, mit ihnen zu fühlen und sie schnell zu verstehen. Noch mehr: Sie entfremdet uns von der höchsten Wirklichkeit, die wir Gott nennen. Sie allein verhindert, daß wir das erkennen, was Meher Baba folgendermaßen ausdrückte: „Du und ich sind nicht ‚wir'; du und ich sind eins."

Von der Selbstsucht aufgebläht, schauen wir die Welt durch die verzerrende Brille der eigenen Vorlieben und

Abneigungen, Hoffnungen und Ängst, Meinungen und Urteile an. Wir wollen, daß sich alle so verhalten, wie wir es für gut halten, d. h. in der *richtigen* Weise. Wenn sie sich verständlicherweise nicht nur nach eigenem Gutdünken verhalten, sondern von uns erwarten, daß wir so handeln wie sie, regen wir uns auf. Aus dem, was wir durch diese Aufregung hindurch erblicken, gestaltet sich die Wirklichkeit unseres Alltags.

Das Ego

Für „Selbstsucht" oder „Egoismus" (vom lateinischen Wort „ego" = ich abgeleitet), gibt es im Sanskrit das Wort *ahamkara* aus den Wurzeln *aham* (ich) und *kara* (Macher). *Ahamkara* ist die Kraft, die ununterbrochen unser Gefühl des Ichseins samt dem dazugehörigen „mich", „mir" und „mein" schafft. Situationsunabhängig erneuert etwas tief in uns Liegendes ständig und so beharrlich wie der Herzschlag unser Gefühl des Getrenntseins. Ob wir wachen oder schlafen, unser Ichgefühl hält an, wobei wir uns dessen zu manchen Zeiten bewußter sind als zu anderen. Da es immer da ist, betrachten wir es als unsere Identität und schützen es wie ein Geizhals sein Gold. Darüber hinaus erwarten wir, daß auch andere es schätzen.

Managementberater sagen den Führungskräften, die als Kunden zu ihnen kommen, daß sie vor Beginn der Arbeit Prioritäten setzen sollen. Das Ego setzt auch Prioritäten. Ganz oben auf ein großes Blatt Kanzleipapier schreibt es: „Zu erledigen." In die nächste Zeile trägt es „Meine Bedürfnisse" ein. Dann folgt eine Liste aller seiner Bedürfnisse, die fast die ganze Seite füllt. Unten stehen dann die Bedürfnisse der Mitmenschen. Freilich, wenn genug Zeit, Kraft und Mittel übrigbleiben, werden wir sie großzügig für andere einsetzen. Aber im großen und ganzen müssen *wir* zuerst bedient werden.

Ironischerweise hat dieser Drang zur Selbsterhöhung niemals zum Glück geführt und wird es auch nie tun. Wir können nicht immer das bekommen, was wir haben wollen; es ist auch kindisch, es für möglich zu halten. Niemand hat die Macht, diese sich wandelnde Welt so zu regulieren, daß er ständig das Lied „Everything's going my way" („alles geht nach meinem Willen") anstimmen könnte, – und wenn wir es tun könnten, würde es nur unser Wachsen hemmen. Ich habe gehört, daß selbst einfache Organismen eingehen, wenn für sie eine ideale Umgebung – ohne Temperaturschwankungen, mit reichlich Nahrung, ohne Streß irgendwelcher Art – bereitet wird. Zum Glück ist es unwahrscheinlich, daß jemand uns in eine solche Situation versetzen könnte.

„Bei denen, die vom Ego überwältigt werden", sagt der Buddha, „breitet sich das Leid wie wildes Gras aus." Wer hat es nicht schon gesehen, wie Moos oder Löwenzahn einen Rasen überwuchert. In der Landschaft, aus der ich stamme, sind die Felder einem noch heftigeren Angriff ausgesetzt, nämlich dem von Disteln. Im ersten Frühjahr tauchen nur wenige auf, und man kann durch das Gras gehen, ohne daß man sich an ihnen stört; wenn man ihre Eigenschaften nicht kennt, wird man sich daher vielleicht nicht die Mühe machen, sie zu entfernen. Schließlich haben ihre Blüten eine hübsche Farbe – und wer mag nicht Distelhonig?

Aber im darauffolgenden Jahr haben sich die Disteln ausgebreitet. Hie und da trifft man auf größere Flächen, aber überall stehen kleine Gruppen, so daß man nicht über das Feld gehen kann, ohne von ihnen zerkratzt zu werden. Nach ein paar Jahren ist das ganze Feld von einem Gestrüpp hochgewachsener, starker Disteln übersät, die zu durchqueren eine Qual ist.

In ähnlicher Weise sagt uns der Buddha, daß Selbstsucht zwangsläufig zu zunehmender Frustration und immer größerem Schmerz führen wird. Was für eine merkwürdige Situation! Es ist nur natürlich, daß wir glücklich sein wollen; aber wenn wir unser persönliches Glück oben auf die Liste setzen, gelingt es uns lediglich, uns selbst unglücklich zu machen.

„Persönlichkeit“

Wenn ein Dorfbewohner in Indien einen Affen als Haustier haben will, schneidet er ein kleines Loch in eine Kokosnuß und setzt sie auf den Boden. Ein Affe – normalerweise ein Jungtier – sieht sie, schwingt sich herunter, quetscht seine Pfote durch die winzige Öffnung und schnappt sich eine große Handvoll des saftigen Kern. Dann kommt die Überraschung: Das Loch ist zu klein, um die Pfote samt Inhalt passieren zu lassen. Aber der Affe will nicht loslassen! Er kann sich einen solchen Lekkerbissen einfach nicht entgehen lassen und hüpft in einer herzzerreißenden Weise mit der von seinem Arm herunterpendelnden Kokosnuß herum, bis der Dorfbewohner kommt, um sein neues Haustier in Empfang zu nehmen.

So ist es auch mit uns. Das Ego ködert uns mit Versprechungen, die so verlockend sind, daß wir sie uns nicht entgehen lassen können. Aber schließlich fängt uns die Selbstsucht ein, und wir verlieren unsere Freiheit. Noch schlimmer: In der modernen Welt haben wir Möglichkeiten entdeckt, unsere Not zu steigern. Nehmen wir den heutigen Persönlichkeitskult als Beispiel. Fast jeder will sichtbar einzigartig, charismatisch und mit einer strahlenden Persönlichkeit ausgestattet sein. „Haben Sie Mr. Wonderful kennengelernt? Er ist geistreich, talentiert und sieht *so* gut aus!“ Die Werbebranche steht parat, uns bei der Erfüllung dieser Wünsche zu helfen: Produkte werden mit Versprechungen angepriesen, die Selbstverwirklichung verheißen: „Jetzt kannst du das sein, was du schon immer sein wolltest“ – natürlich nur, wenn man die Haare mit einem bestimmten PH-neutralen, umweltfreundlichen und aus Kräutern hergestellten Produkt spült oder ein bestimmtes Rasierwasser mit exotisch klingendem Namen benutzt.

Das Wort „Persönlichkeit“ paßt hier genau. Es stammt auch aus dem Lateinischen: *persona* bezeichnete ursprünglich die im griechischen und römischen Altertum bei Theateraufführungen getragenen Gesichtsmasken. Haben Sie Abbildungen davon gesehen? Wie steinern, wie starr und unbeweglich sie aussehen! Ihnen fehlt die ganze Beweglichkeit und Spontaneität des menschlichen Antlitzes. Ob der Schauspieler die tragische Maske mit nach unten gezogenen Mundwinkeln oder die komische Maske mit grinsendem Gesicht trug, er konnte seine Maske nicht im Verlauf des Stücks wechseln.

Unsere hochgeschätzten Persönlichkeiten sind normalerweise ebenso starr und unbeweglich. Wir denken uns eine bestimmte Vorstellung der eigenen Identität aus und streben danach, diese unter allen Umständen zu verwirklichen. So entwerfen wir uns gerade in dem Augenblick, in dem wir zärtlich sein sollten, als hartgesotten und bestimmend, oder wir entwerfen uns als gütig und verhalten uns sentimental gerade dann, wenn Festigkeit angebracht wäre.

Die Masken des Altertums verstärkten die Stimme so, daß sie im ganzen Amphitheater gehört werden konnte. Das war gut, da es sich lohnte, die Worte der griechischen Dramatiker zu hören. Vor nicht allzu langer Zeit ging ich mit Freunden spazieren, als ein Auto mit einer auf dem Dach montierten Lautsprecheranlage an uns vorbeifuhr. „Hallo!" tönte eine selbstzufriedene, geisterhafte Stimme, „mal wetten, daß du baff bist, daß ich mit *dir* spreche!" Ein paar hundert Watt Energieverbrauch – und der Kerl hatte nichts zu sagen!

Wir mögen zwar keine Lautsprecheranlage mit uns herumführen, aber die meisten von uns wollen, daß unsere Persönlichkeit in weiten Kreisen bekannt und bewundert wird. Wenn die Menschen nicht einen Großteil der Zeit – und zwar mit positiven Gefühlen – an uns denken, dann muß irgend etwas nicht stimmen und muß geändert werden: Wir belegen einen Kurs, lesen ein Buch, unterziehen uns einer Therapie, gehen zur Kur oder probieren es mit einer neuen Frisur.

Der Wunsch, Aufmerksamkeit auf sich zu ziehen, führt nicht nur zu Affektiertheit in Kleidung, Sprache und Gestik, sondern auch zu einer Spaltung des Bewußtseins. Ein kleiner Teil des Geistes mag sich zwar der Bedürfnisse anderer bewußt sein, aber der größere Teil beschäftigt sich mit dem Eindruck, den wir erwekken. Wenn die Rolle nicht ganz paßt, sind wir verlegen und fühlen uns nicht wohl, weil wir nie sicher sind, ob wir nicht unter Buhrufen von der Bühne vertrieben werden könnten.

Wenn wir jedoch aufhören, einem künstlichen Selbstbild gerecht werden zu wollen, kommt die wirkliche Persönlichkeit mit ihrer ganzen Lebhaftigkeit, Anziehungskraft und Einmaligkeit erstaunlicherweise zum Ausdruck. Wir brauchen nur das Leben der großen Mystiker wie Franz von Assisi, Teresa von Avila, Sri Ramakrishna und Mahatma Gandhi anzuschauen. Diese sind keine langweiligen Einheitsgestalten, sondern unübertroffen dynamische, spontane, freudige und auffallend individuelle Persönlichkeiten.

Die heilige Teresa wurde bei der Gründung ihrer Karmelitinnenklöster schwer auf die Probe gestellt, aber sie strahlte dennoch eine wunderbare Verspieltheit aus. Wenn die Rekreationsglocke im Kloster in Salamanca läutete, liefen die Novizinnen, um Teresa den Weg zu versperren, zogen sanft an ihrem Habit und umschmeichelten sie mit der Frage: „Mutter, liebe Mutter, bleibt unsere Ehrwürdige Mutter nicht bei uns?" Sie pflegte dann zu lachen und nachzugeben, indem sie bei ihnen blieb, um ein paar Stanzen zu dichten, die der ganze Konvent dann tanzend und händeklatschend sang.

Gegenüber einem Menschen wie der heiligen Teresa, für die die Freude etwas unaufhörlich Gegenwärtiges wurde, muß unser Leben eintönig und alltäglich erscheinen. Kein Wunder, daß Traherne sagte: „Bevor man singen und jubeln und sich über Gott freuen kann, wie es die Geizhälse über ihr Gold und die Könige über ihr Zepter tun, kann man die Welt nie genießen."

Liebe

Erst wenn wir den Versuch aufgeben, uns selber an erste Stelle zu setzen, können wir das finden, was wir wirklich suchen: Seelenruhe, dauerhafte Beziehungen, Liebe. In den angelsächsischen Ländern und ihren ehemaligen Kolonien gibt es ein Kinderspiel, bei dem man auf eine erhöhte Stelle hinaufklettert, „Ich bin der Herr der Burg!" oder „Ich bin der König des Berges" ruft und alle anderen herunterzustoßen versucht, um seine Stellung zu verteidigen. Das mag angehen, wenn man sieben Jahre alt ist – aber wie, wenn man siebenundzwanzig ist oder gar siebenundfünfzig? Wenn wir erwachsen werden, sollten wir lieber daran denken, solche Kletterspiele hinter uns zu lassen.

Das Auslöschen der Selbstsucht ist ein Mittel, zum höchsten Ziel des geistlichen Lebens zu gelangen. Dies haben alle großen Mystiker aufgrund jahrelanger, großer Anstrengungen geschafft.

Gewiß, wenn wir uns auf den Weg machen, dies zu erreichen, steht uns eine beschwerliche und unbequeme Reise bevor, aber welcher Lohn wartet auf uns, wenn es uns gelingt, uns von dem abscheulichen Hindernis, dem Ego, schließlich zu befreien! Der heilige Bernhard von Clairvaux drückt es folgendermaßen aus: „Ebenso wie vom Licht der Sonne durchflutete Luft dasselbe Leuchten erhält, so daß sie weniger erhellt als vielmehr selbst Licht zu sein scheint, so wird es auch unvermeidlich geschehen, daß jede menschliche Zuneigung sich dann in einer unaussprechlichen Weise vom Ich lösen und vollkommen umgegossen werden wird. [. . .] Die Substanz wird zwar bleiben, aber in einer anderen Form, einer anderen Herrlichkeit und einer anderen Kraft."

In diesem Vorgang, das eigene Ich zu einem Nichts zu machen, liegt die Kraft des Lebens selbst, durch die wir neu geboren werden. Dies meinte Jesus mit den Worten: „Wer das Leben gewinnen will, muß es verlieren." Dies meinte auch Gandhi, als er auf die Andeutung, er sei ohne Ambitionen, antwortete: „Ach nein, ich habe die größte Ambition, die man sich vorstellen kann. Ich will mich auf Null reduzieren."

Welche konrekten Schritte können wir unternehmen, um dies zu vollbringen? Was können wir tagtäglich tun?

Als meine Großmutter mir von der Elefantiasis des Ich erzählte, fragte ich sie, das weiß ich noch, ob es für diese Krankheit ein Heilmittel gebe. „Gewiß", sagte sie, „die Gottesliebe."

Gottesliebe? Manche mögen behaupten, daß es für die Großmutter mit ihrem Hintergrund hinduistischer Frömmigkeit nur natürlich gewesen sei, dieses Wort zu benutzen. Man wird es vielleicht erleben, daß auch einige fromme Menschen im Westen den Ausdruck verwenden.

Aber was kann er für uns überhaupt bedeuten? Wenn es der materialistischen Ausrichtung unserer Zivilisation nicht gelungen ist, solche Frömmigkeit zu bannen, dann wird es unsere intellektuelle Schulung getan haben. Ist es vorstellbar, daß wir heutzutage eine innige Liebe zu Gott haben könnten? Eine gute Frage, auf die es, meine ich, eine praktische Antwort gibt.

Zunächst müssen wir uns fragen, was wir unter „Liebe" verstehen. Der Begriff wird schamlos in bezug auf alle möglichen Dinge benutzt: Erfrischungsgetränke, Papierhandtücher, Garagentoröffner. Und die Liebe zwischen Mann und Frau, so wird uns gesagt, meint einen muskulösen, braungebrannten Mann und eine betäubend schöne Frau mit langen, wehenden Haaren, die Hand in Hand durch die Brandung laufen, oder Pärchen, die über einem Glas Wein in einem verträumten kleinen Restaurant sitzen. Aus solchen Bildern leiten wir unsere romantischen Vorstellungen über die Liebe ab.

Aber hören wir, was der heilige Paulus im Ersten Korintherbrief darüber zu sagen hat: „Die Liebe ist langmütig, gütig ist die Liebe, die Liebe ist nicht eifersüchtig, sie prahlt nicht, ist nicht aufgeblasen. Sie handelt nicht taktlos, sie sucht nicht den eigenen Vorteil, sie läßt sich nicht erbittern, sie trägt das Böse nicht nach. Sie freut sich nicht über das Unrecht, freut sich vielmehr an der Wahrheit. Alles deckt sie zu, alles glaubt sie, alles hofft sie, alles erträgt sie.

Die Liebe hört niemals auf."

Das ist Liebe, die unser würdig ist. Das ist Liebe, die mächtig genug ist, unsere Selbstsucht verschwinden zu lassen.

Als Jesus uns aufforderte, Gott zu lieben, fügte er hinzu: „Du sollst deinen Nächsten lieben wie dich selbst." Die beiden Arten von Liebe sind miteinander verbunden. Der Herr ist in jedem von uns gegenwärtig, so daß wir ihn tatsächlich lieben, wenn wir die Menschen um uns lieben. Die Hinduschriften drücken es einprägsam aus:

> Wenn ein Mann seine Frau mehr als sich selbst liebt,
> liebt er den Herrn in ihr.
> Wenn eine Frau ihren Mann mehr als sich selbst liebt,
> liebt sie den Herrn in ihm.
> Wenn Eltern ihre Kinder mehr als sich selbst lieben,
> lieben sie den Herrn in ihnen.

Jeder kann lieben lernen

Einmal sprach ich vor einer Gruppe von Sekundarschülerinnen bei einem Mittagessen in Minneapolis. Nach meinem Vortrag beantwortete ich ihre Fragen, und die Schülerin, die den Vorsitz hatte, fragte: „Sie haben das Wort *Liebe* oft gebraucht. Was verstehen Sie darunter?" Ich antwortete ihr: „Wenn das Wohlergehen deines Freundes dir mehr als das eigene bedeutet, dann liebst du ihn." Daraufhin wandte sich die Schülerin an die anderen und sagte ganz offen: „Nun, ich vermute, keine von uns hat schon einmal geliebt."

Ich glaube, daß dies für die meisten Menschen gilt. Aber wir können lieben *lernen.* Das geistliche Leben ist wunderbar gerecht: Es steht jedem offen. Niemand wird bevorzugt, Abstammung zählt nichts. Gleichviel, wo man beginnt, man kann alles Notwendige lernen, solange man bereit ist, daran zu arbeiten. So ist es auch mit der Liebe. Wir mögen zwar jetzt sehr egoistisch sein, aber warum soll uns das deprimieren? Wir können darangehen, unseren Egoismus auszurotten, wobei die einfachste und natürlichste Methode darin liegt, das Wohlergehen der Menschen um uns an erste Stelle zu setzen.

In einem gewissen Sinn kommt es auf Aufmerksamkeit heraus. Wenn wir uns mit uns selbst – *unseren* Gedanken, *unseren* Wünschen, *unseren* Vorlieben – beschäftigen, können wir nicht umhin, das Gespür für die Bedürfnisse anderer zu verlieren. Wir können unsere Aufmerksamkeit nur einer begrenzten Zahl von Dingen widmen, und unsere ganze Aufmerksamkeit richtet sich auf uns. Wenn wir uns nur ein wenig von uns selbst abwenden, beginnen wir zu erkennen, was für die Menschen, die wir lieben, wirklich am besten ist.

Hugo, zum Beispiel, freut sich jedes Wochenende auf die Sportsendungen, die er seit Jahren anschaut. „Ich habe eine harte Woche gehabt", sagt er, legt seine bestrumpften Füße hoch und lehnt sich zurück.

Aber wie steht es mit seiner Frau Helene? War *ihre* Woche so einfach? Er könnte sie fragen, was sie gerne täte: An den Strand fahren? Einkaufen gehen? Mit dem Anlegen des Gartens beginnen? Es mag schmerzhaft sein, sich von der Sportschau loszureißen, aber wenn er seine Frau liebt – und wenn er wachsen will –, wird er es vorziehen, die Ergebnisse in der Montagsausgabe der Zeitung zu lesen.

Bei Hugo ist es vielleicht die Sportschau, auf die er verzichten muß; bei anderen kann es sich um einen Einkaufsbummel, ein Nickerchen, eine Möglichkeit, zusätzliches Geld zu verdienen, ein Hobby, ein noch nicht fertiges Gemälde handeln. Etwas aufzugeben, auch nur vorübergehend zu unterbrechen, tut immer weh. Unsere Vorlieben kleben wie Heftpflaster, und es kann kurz schmerzen, wenn wir sie abziehen. Aber wir müssen es tun, wenn wir einen leichten und liebevollen Umgang mit den Menschen um uns pflegen wollen.

Jedesmal wenn wir von einem egozentrischen Handeln, Sprechen oder sogar Denken absehen, setzen wir andere an erste Stelle. Zorn ist z. B. häufig nichts anderes als ein Ausbruch vereitelter Eigenliebe. Hugo hatte eine

Gehaltszulage erwartet, aber nicht bekommen, und schmollt. Helene will, daß ihr Sohn Jakob aufhört, am Auto herumzubasteln, und sich mehr seinen Schulaufgaben widmet, aber Jakob hat andere Vorstellungen: Beide ärgern sich, und es kommt zu einem Streit. Um es kraß auszudrücken, wenn unsere Vorstellungen auf diese Weise durch Menschen oder Ereignisse durchkreuzt werden, reagieren wir mit der menschlichen Entsprechung von Brüllen, Zähnefletschen oder einem Rundumschlag mit Klauen, Hörnern, Schwänzen oder Hufen. Der Haushalt kann sich in eine ziemliche Menagerie verwandeln.

Aber Zorn ist eine Kraft, die Hugo, Helene und wir alle nutzbar machen können, wenn jeder den anderen an erste Stelle setzt. Gleich wie sich unser Ärger ausdrückt – sei es in Reizbarkeit, Wut, Starrsinn, Streitlust oder schmollendem Schweigen –, alles läßt sich in Mitgefühl und Verständnis verwandeln. Davon werden nicht nur jene, die mit uns zusammenleben, sondern auch wir selbst profitieren.

Das soll jedoch nicht heißen, daß wir es übersehen oder es mit den Worten: „Wie du willst, Liebling", sogar unterstützen sollten, wenn jemand, den wir lieben, etwas Dummes oder Schädliches anzustellen versucht. Andere an erste Stelle setzen, heißt nicht, uns selbst zu einem Fußabstreifer zu machen. Wenn wir jemand wirklich lieben, wird es uns vielmehr ein Bedürfnis sein, als Fürsprecher seines tatsächlichen, langfristigen Wohls aufzutreten, auch wenn dies bedeutet, ihm liebevoll und zärtlich Widerstand zu leisten.

Ausschlaggebend dabei ist oft die Art und Weise, wie wir es tun. Wenn wir vorwurfsvoll oder aufgebracht auftreten, erscheinen wir verstrickt und verurteilend, das Gegenteil von liebevoll. Unsere Worte und unser Gesichtsausdruck werden vielleicht mangelnden Respekt ausdrücken: „Ich wußte ja, daß du es nicht schaffen würdest, bei dieser Diät zu bleiben, Hugo!" Selbst mit den besten Absichten auf der Ebene des Bewußtseins können wir einen unangenehmen Zusammenprall auslösen. Aber wenn wir den anderen unterstützen und unser Mißfallen zärtlich und respektvoll ausdrücken, wird es ihm helfen, die Lage klarer zu sehen. Wenn wir einen solchen Gefährten haben, pflegte meine Großmutter zu sagen, brauchen wir keinen Spiegel.

In letzter Zeit bin ich auf einige Bestseller gestoßen, die ein Konkurrenzdenken unter ihren Lesern, sogar unter Ehepartnern, fördern. Manche Ehepartner haben anscheinend diesen Rat beherzigt und fragen sich gegenseitig: „Wer hat das größere Einkommen?" oder: „Wer hat die besseren Karriereaussichten?" Ich habe sogar Paare erlebt, die um ihre Freunde oder – was wirklich tragisch ist – um die Liebe ihrer Kinder konkurrieren. Aber ein Mann und eine Frau, die miteinander vereint sind, stellen keine Gegner dar, sondern sollen sich ergänzen, nicht miteinander konkurrieren. Ihre Vereinigung sollte alle Abgrenzungen verschwinden lassen, da das, was für den einen schlecht ist, niemals für den anderen gut sein kann.

Geduld

Meiner Erfahrung nach läßt sich die Liebe in einem einzigen Wort zusammenfassen: Geduld. Mir ist vollkommen klar, daß sie keine Tugend ist, die die breiten Massen anspricht. Ich kann mich auch an kein Lied erinnern, das sie besingt. Man schaltet das Radio ein und hört, wie rote Lippen und weiße Zähne, Kerzenlicht und Mondschein, Paris und Rio besungen werden – aber nirgends Geduld. Aber man kann sehr alltägliche Lippen und sogar unregelmäßige Zähne haben, in irgendeinem Kaff leben, das man nie verlassen hat, und dennoch eine innige Liebesbeziehung zum Ehemann oder zur Ehefrau, zu einem Freund oder einer Freundin hegen, wenn die Beteiligten Geduld aufbringen.

Versuchen Sie es einmal, mit dem gerade aktuellen Sexsymbol nach Acapulco zu fliegen und auszuprobieren, wie Sie sich verstehen, wenn beide ungeduldig sind. Ein paar Stunden lang wird es Ihnen gelingen, die in Ihnen beiden lauernde Selbstsucht voreinander zu verbergen. Selbst wenn die fragenden Blicke, das verständnislose gegenseitige Anstarren und die kleinen Querelen aufkommen, kann man sie dadurch übergehen, daß man nach einem neuen Wein, den es auszuprobieren gilt, oder nach neuen Sehenswürdigkeiten, die man besuchen will, Ausschau hält. Aber bald wird die wahre Situation beiden Parteien schmerzhaft klar, und sie hängen sich bald ans Telefon: „Ich brauche einen Flug in die USA, egal, welchen. Ja, ich fliege allein und brauche nur einen Hinflug."

Wenn Sie jedoch geduldig sind, werden Sie sich über ein unfreundliches Wort oder eine gedankenlose Handlung nicht aufregen. Sie werden weder weglaufen noch sich rächen wollen. Sie werden den anderen unentwegt unterstützen, weil diese Unterstützung von tiefem Respekt und dem Bewußtsein, daß der Herr in ihm lebt, getragen ist. Der Stolz wird Sie nicht davon abhalten, den ersten – und nötigenfalls den zweiten und dritten – Schritt zur Versöhnung zu unternehmen.

Die heiligen Schriften aller Weltreligionen unterscheiden zwischen einer geistigen Union und einer rein auf körperlicher Anziehung beruhenden Beziehung. Die geistige Union zeichnet sich durch Geduld und Vergebung aus, da jeder Partner für den anderen das Beste will. Die auf körperlicher Anziehung beruhende Beziehung ist zwangsläufig vergänglich und von Manipulation, Selbstbehauptung und Stolz gekennzeichnet, weil jede der beteiligten Personen dabei für sich den höchsten Genuß sucht.

Hier geht es mir überhaupt nicht um richtiges oder falsches Verhalten. Ich will lediglich den einfachen und praktischen Hinweis geben, daß Sex eine wunderschöne Rolle zu spielen hat, wenn Treue mit im Spiel ist, aber daß er nicht die Grundlage einer dauerhaften Beziehung bilden kann. Das rein körperliche Band lockert sich naturgemäß sehr schnell: Eine Zeitlang halten wir Cäcilie oder Dietmar für die Erfüllung aller unserer irdischen Träume, ohne deren Reize wir es keine Minute lang aushalten können (dies ist der Stoff der großen Literatur, die in Prosa oder in Gedichten den leidenden Liebhaber besingt), aber ein paar Monate später ist das Hochgefühl meistens verschwunden. Wenn wir genauer hinschauen, besitzt Cäcilie einige nicht so reizvolle Eigenschaften, die wir bisher nicht bemerkt hatten; Dietmars körperliche Schwächen gehen uns langsam auf die Nerven. Und so stehen wir da: wieder allein, einsam, vielleicht auf der Schwelle zur nächsten Beziehung mit Angélique oder Zacharias, dem – dieses Mal können wir uns nicht irren – makellosesten und anziehendsten Geschöpf auf Erden.

Damit will ich keineswegs die vorübergehende Befriedigung in einer ausschließlich sexzentrierten Beziehung leugnen. Gerade die Aussicht auf eine solche Befriedigung zieht uns in diese Art von Beziehung hinein. Aber wenn wir diesem Drang nachgeben, nehmen wir Kurs auf die Zerrüttung unserer Beziehungen und all das, was folgt: Herzzerbrechen und einen Tumult der Gefühle. Wenn wir Beziehungen wollen, die sich im Laufe der Zeit vertiefen, Beziehungen, die uns wachsen helfen, müssen wir nicht nur in guten, sondern auch in schlechten Zeiten treu bleiben, nicht nur die Übereinstimmungen, sondern auch die Unterschiede akzeptieren. Dies lernen wir, wenn wir geduldig versuchen, die andere Person an erste Stelle zu setzen.

Den Kreis der Liebe erweitern

Dies gilt natürlich nicht nur für Paare, sondern auch für die Beziehung zwischen Kindern und Eltern sowie zwischen Freunden. Hugo zum Beispiel mag brutale, hartgesottene, realistische Filme – Intrigen in Washington und auf der Wall-Street, dokumentarische Techniken, klappernde Fernschreiber, kahle Schwarzweißaufnahmen. Das hindert ihn aber nicht daran, seine Tochter in einen sentimentalen Film zu begleiten, in dem es um den Triumph der Liebe über alle Widerstände geht; er kann sich amüsieren, auch wenn der Film voller Spitzen und Blumen, Zeitlupenaufnahmen der Hingebung in prächtigen Farben und ein ganz klein wenig nebelhaft verschwommen ist. Dafür braucht er seinen Geschmack nicht zu ändern; er genießt einfach den Genuß seiner Tochter, wenn er den Blick in ihren Augen sieht, sie seufzen hört oder ihr zu gegebener Zeit diskret ein Taschentuch reicht. Seine Welt erweitert sich durch solches Teilen, und ihre Beziehung wird tiefer und wächst.

Die Zeitschriften und Zeitungen, die wir kaufen, die Möbel, die wir aussuchen, der Urlaubsort, den wir wählen – alles kann Gelegenheit zu einem charmanten Nachgeben bieten. Im Restaurant kann Hugo seine Frau zuerst eine Speise wählen lassen und dann verkünden: „Das werde ich auch nehmen." Oder wenn Helene mutig ist, kann sie die Speisekarte ungeöffnet lassen und sagen: „Hugo, warum bestellst du heute nicht für mich?" Kleinigkeiten, aber sie tragen dazu bei, uns zu befreien, die Barrieren des Egoismus abzureißen, so daß wir unserem Partner, unseren Kindern, unseren Freunden näherrücken.

Selbst bei der Arbeit können wir lernen, die Dinge durch die Augen eines anderen zu sehen. Wenn z. B. ein Freund sich bereit erklärt, Hugo beim Fliesenlegen in einem neuen Zimmer seines Hauses zu helfen, werden die beiden die Aufgabe in unterschiedlicher Weise angehen. Joe arbeitet immer langsam und gründlich, während Hugo die Arbeit möglichst schnell erledigen will. Gegen zwei Uhr nachmittags kann Hugo nicht anders, als vor sich hin zu murren: „Warum kannst du nicht *schneller* machen, Joe? Ich will die Sportschau nicht verpassen!"

Starre Meinungen bei der Arbeit führen zu Spannung und Verstimmung. Manchmal gerät ein ganzes Projekt ins Stocken, wenn einer der Mitarbeiter mitteilt, daß er es nicht mehr aushalten kann, und hinausstürmt. Ich erinnere mich an ein Cartoon, das zwei vornehm aussehende Wissenschaftler zeigte, die gerade in einen Jet einsteigen. Der eine sagt: „Gut, wir werden zusammen nach Stockholm fliegen. Wir werden beim Bankett zusammensitzen und uns fotografieren lassen. Aber nach der Verleihung des Nobelpreises möchte ich Ihre häßliche Fratze nie wieder sehen!"

Normalerweise gibt es mehrere gültige Methoden, eine Arbeit zu verrichten; die Vorstellung, daß unsere die beste sei, beruht vielleicht nur auf Gewohnheit. Anstatt alle dahin bringen zu wollen, daß sie so sind wir wir, können wir lernen, die Unterschiede als einen Teil der Reichhaltigkeit des Lebens zu sehen. Die Arbeit wird dann zu einer wunderbaren Gelegenheit, Geduld zu üben und die scharfen Ecken und Kanten der eigenen Persönlichkeit abzuschleifen, die uns von anderen trennen. Wenn die Arbeitskollegen davon profitieren können, unsere Arbeitsweise zu übernehmen, werden sie dies sehr wahrscheinlich erkennen und tun. Wenn ihre Methoden besser als die unsrigen sind, können wir so gütig sein, ihrem Beispiel zu folgen.

Als schwierigeres und mutigeres Unterfangen können wir zu lernen versuchen, unsere Liebe auf jene auszudehnen, zu denen wir in einem feindseligen Verhältnis stehen. Eine Entfremdung kann sich bekanntlich sogar unter Blutsverwandten über Monate oder Jahre erstrecken. Eltern und Kinder entzweien sich; Brüder, die zusammen Dreirad fuhren, gemeinsam Baumhäuser bauten, Fußball spielten und mit ihren Freundinnen spazierengingen, sprechen nicht mehr miteinander, weil sie sich über Geld oder Eigentum gestritten haben. Arbeitskollegen, Nachbarn, ehemalige Freunde entfremden sich, ohne sich über die schreckliche Auswirkung dieser Entfremdung auf das Bewußtsein im klaren zu sein.

„Aber ich habe allen Grund, Groll zu hegen", sagen wir. „Ist es nicht natürlich, verärgert zu sein, nach allem, was wir durchgemacht haben?" Ja, es ist natürlich. Uns wohnt eine angeborene Neigung inne, zurückzuschlagen oder uns von Menschen zu distanzieren, die wir nicht mögen. Der Instinkt ist zwar mächtig, und wir sind es gewohnt, ihm unbesehen zu folgen, aber er kann, wie jede solche Macht, durch das Bewußtsein geändert werden. Als Menschen haben wir alle die Fähigkeit, unsere Entwicklung in die eigenen Hände zu nehmen und nicht triebhaft, sondern aus freien Stücken zu handeln. Wenn wir hassen, weil wir gehaßt werden, verletzen, weil wir verletzt wurden, dann besitzen wir keine Freiheit; der Instinkt hat seine Finger in uns wie in eine Handpuppe hineingesteckt. Der eine Finger fährt in den Arm ein, und wir werfen ein Stück Geschirr; ein anderer öffnet den Mund und bewegt die Zunge, so daß wir uns sagen hören: „Scher dich zum Teufel!"

Wenn wir jemanden hassen, sind wir an ihn ebenso gebunden, wie wenn wir ihn lieben. Oft müssen wir ununterbrochen darüber nachdenken, was wir gern sagen oder tun möchten: „Wie gerne würde ich dem gehörig die Meinung sagen!" Kleinigkeiten lassen uns an ihn denken; er taucht sogar in unseren Träumen auf. Was für ein Paradox! Hier ist jemand, den wir nicht ausstehen können, dem wir aus dem Weg gehen wollen, aber wir tragen ihn ständig mit uns herum. Ein Teil unseres Geistes beschwört sein Bild – das der Wahrheit gar nicht immer entspricht –, und ein anderer Teil des Geistes, der über dieses Bild nachgrübelt, gerät in Zorn.

Fast jede Entfremdung läßt sich überwinden, wenn einer der Beteiligten bereit und in der Lage ist zu vergeben. Wie leicht ist es, Gleiches mit Gleichem zu vergelten, „Auge um Auge, Zahn um Zahn!" Aber versuchen Sie, Ihre Gedanken in umgekehrter Richtung fließen zu lassen, wenn der Zorn ausbricht. Der Buddha vergleicht den zornigen Geist mit einem außer Kontrolle geratenen Streitwagen: Nur wer Mut und Ausdauer besitzt, kann die Kontrolle über ihn wiedererlangen; die anderen, die hilflos hin und her getragen werden, lassen die Zügel lediglich durch ihre Finger gleiten.

Wenn wir vergeben, ist alles begraben und vergessen. Wir entscheiden uns dafür, nicht in Erinnerungen an die Vergangenheit, sondern in der Gegenwart zu leben; wir setzen Vertrauen in die Zukunft und leben nicht in Angst davor. Vergangenheit und Zukunft, diese Zwillingsbürden, fallen ab, und wir sind hier in der Gegenwart frei, uneingeschränkt und ganz zu lieben.

Wie lange sollen wir damit fortfahren, wenn der andere uns weiterhin provoziert? Ich erinnere Sie an die Worte Jesu: „Dann trat Petrus hinzu und sprach zu ihm: ‚Herr, wenn mein Bruder sich gegen mich verfehlt, wie oft soll ich ihm vergeben? Bis zu siebenmal?' Jesus antwortete ihm: ‚Ich sage dir, nicht bis siebenmal, sondern bis zu siebenundsiebzigmal.'"

Wir müssen bei der Vergebung beharrlich sein; deswegen ist sie eine so große Herausforderung. Jesus selbst zeigte, bis zu welcher Höhe dies gehen kann, als er am Kreuz ausrief: „Vater, vergib ihnen, denn sie wissen nicht, was sie tun."

Vergebung macht sowohl den Vergebenden als auch den, dem vergeben wird, heil. Dieser wird vielleicht einen Neubeginn versuchen und sich in Zukunft besser verhalten oder sogar ganz umkehren. Der Vergebende erkennt nach und nach, daß er ein tiefes geistliches Gesetz ins Spiel gebracht hat: Indem wir denen vergeben, die sich gegen uns verfehlt haben, vergeben wir uns selber unsere vergangenen Verfehlungen. Auch wenn wir aus Unwissenheit viele Fehler in unserem Leben begangen haben, brauchen wir sie nicht schwer auf unserem Herzen lasten zu lassen, wenn wir unser Bestes getan haben, uns von jeglichem bösen Willen zu befreien. Wenn alle Böswilligkeit ausgelöscht ist, befinden wir uns in dem uns naturgegebenen Zustand, nämlich einem Zustand der Liebe.

Manchmal beruhen feindselige Gefühle gar nicht auf Verfehlungen gegen uns. Es könnte uns schwerfallen, genau zu sagen, warum ein bestimmter Mensch uns dermaßen auf die Nerven geht. Dafür haben wir eine Reihe anschauliche Ausdrücke: „Der geht mir gegen den Strich", „Die bringt mich auf die Palme", „Wenn ich den sehe, kriege ich eine Gänsehaut". Es scheint einfach irgend etwas – oder alles – an dem betreffenden Menschen zu geben, das uns zuwider ist. Wir mögen seinen Gang, seine Sprechweise, seinen Kleidergeschmack nicht. Wir wollen ihn nicht sehen und mögen es nicht, wenn positiv über ihn gesprochen wird. In solchen Fällen liegt die eigentliche Quelle der Verärgerung nicht bei dem betreffenden Menschen, sondern in unserer Konditionierung, in den Vorlieben und Abneigungen, die uns tyrannisieren.

Diese an ein Wunder grenzende Fähigkeit wird im Leben der großen Diener und Dienerinnen Gottes in schönster Weise veranschaulicht, obwohl von Menschen wie uns ein solches Maß nicht erwartet wird. Der verschwenderische, galante Jüngling Franz Bernadone von Assisi hatte immer Furcht und Abscheu vor dem Aussatz empfunden. Wenn er in seinem kostbaren Gewand umherging, berührte er die Aussätzigen draußen vor seiner Stadt nie und konnte sich kaum dazu überwinden, sie anzusehen; wenn ein Aussätziger kam, um bei ihm um Almosen zu betteln, ließ er eine Gabe immer von jemandem anderen überbringen. Er pflegte mit abgewandtem Gesicht und einem Taschentuch vor der Nase am Leprakrankenhaus vorbeizugehen.

Aber eine starke Kraft wirkte bereits in ihm. Eines Tages schien er ein Versprechen in den Tiefen seines Bewußtseins zu vernehmen: „Alles, was du früher gemieden hast, wird sich in große Süße und ein Übermaß an Freude verwandeln." Kurz danach traf er bei einem Ritt über die umbrische Ebene auf einen furchtbar verunstalteten Aussätzigen. Einen Augenblick lang überkam ihn der alte Abscheu, aber dann tauchte aus einer tieferen Ebene die Erkenntnis auf: *„Dies ist mein Bruder!"* Franz stieg ab, ging auf die erbarmungswürdige Gestalt zu und reichte dem Kranken Almosen. Als der Aussätzige seine Hand ausstreckte, um sie in Empfang zu nehmen, kniete sich Franz hin und küßte die von der Krankheit so verunstalteten Finger; während er dies tat, so erzählt die Chronik, spürte er, wie die verheißene Süße und Freude sein ganzes Wesen durchflutete.

Wir begannen mit dem ichbezogenen, selbstsüchtigen Menschen und sind nun an den Menschen gelangt, der über das Getrenntsein hinaus zum Universellen vorgedrungen ist und vor Liebe zur ganzen Schöpfung brennt. Meine Bitte ist es, daß wir nicht nachlassen, bis wir dieses Bewußtsein der Einheit erlangen, bis wir in der Gewißheit leben, daß alles Leben eins ist und daß sich alle unsere Handlungen überall zum Guten oder zum Bösen auswirken. Diese Erkenntnis drückte der englische Dichter John Donne in folgenden unter die Haut gehenden Zeilen aus:

„Kein Mensch ist eine Insel, die in sich ein Ganzes bildet; jeder ist ein Teil des Kontinents, ein Teil des Meeres. Wenn ein Klumpen Erde vom Meer weggespült wird, so ist Europa weniger, wie auch eine Landzunge, der Gutshof deiner Freunde oder dein eigener dadurch weniger würde. Der Tod eines jeden Menschen macht mich kleiner, weil ich mit der ganzen Menschheit verknüpft bin. Schicke darum nie jemanden, um in Erfahrung zu bringen, für wen die Sterbeglocke läutet: Sie läutet für dich."

GEISTLICHE GEMEINSCHAFT

Kurz nach meiner ersten Ankunft in San Francisco machte ich einen Spaziergang in die Innentadt und sah dort etwas Merkwürdiges: Hunderte von Männern auf den Straßen, die alle jene konische, rote, türkische Kappe mit Quaste, den Fes, trugen. Ich konnte es nicht verstehen. Wie kam es, daß sich alle diese Türken, die meisten mit hellem Teint, in San Francisco versammelt hatten? Dann erklärte mir jemand, daß die Shriners* einen Konvent abhielten.

Wir sind eine gesellige Gattung, und man sieht überall Gleichgesinnte sich sammeln. Gehen Sie in ein Skigeschäft: Dort werden Sie die Anbeter des Winters an den langen Regalen voller Skis stehen und über die Schneeaussichten diskutieren sehen. An angelsächsischen Universitäten gibt es gegen Semesterbeginn meistens einen besonderen Clubtag, an dem die Vereine der Liebhaber von z. B. Französisch, Wandern, Schach, Theater, Elektronik oder Poesie an einem jeweils eigenen Stand ihren Club vorstellen. In allen Städten und Städtchen der USA offerieren Rotarier und Kiwani Club an jedem Werktag die Möglichkeit eines Treffens beim gemeinsamen Mittagessen. Jede akademische Gesellschaft und jeder Berufsverband veranstaltet Mitgliederversammlungen sowie Tagungen, bei denen Vor-

* = Alter arabischer Orden der Edlen des Mystischen Schreins, ein 1870 in den USA gegründeter Zweig der Hochgradfreimaurerei. Rituale und Kostüme sollen arabischen Ursprungs sein; die Gründer führten den Orden auf eine arabische Geheimgesellschaft des 7. Jhs. zurück. (Anm. der Übersetzerin)

träge gehalten werden. Und so geht es weiter, von der Sauna bis zur Soirée.

Es sollte also nicht überraschen, daß ein wesentlicher Teil des geistlichen Lebens darin besteht, sich mit Geistlichgesinnten zusammenzutun, die von uns eine Förderung ihrer geistlichen Entwicklung erhoffen und ihrerseits unser Wachsen fördern. Dies sollte man weder als Luxus noch als Genuß ansehen. Der Buddha würde sagen, daß die meisten Menschen sich in den Lebensstrom werfen und sich, von der Strömung hin und her getrieben, stromabwärts treiben lassen. Wer jedoch geistliches Wachstum erstrebt, muß gegen den Strom, gegen die Strömung von Gewohnheit, Vertrautheit und Bequemlichkeit schwimmen. Das Bild ist zutreffend. Wir wissen alle, wie der Lachs gegen den Strom ankämpft, um schließlich zu seinem Ursprungsort zurückzukehren. Wer sich ändern will, ähnelt dem Lachs, indem er gegen den unbarmherzigen Strom des egoistischen Lebens schwimmt. Da brauchen wir wahrhaftig jede Unterstützung, die wir bekommen können; wir brauchen Freunde und treue Begleiter auf diesem Weg. *Wir* sind es natürlich, die schwimmen müssen, da uns niemand diese Aufgabe abnehmen kann, aber der Weg wird leichter und schneller, wenn wir in der Gesellschaft von Menschen schwimmen, die uns Mut geben, die ein zügiges Tempo einlegen und vor Erreichen des Ziels nicht aufgeben werden. Die Lasten werden gemeinsam getragen und so leichter gemacht; aber auch die Freuden, die sich dadurch vervielfachen.

Im Sanskrit heißt ein solches Teilen *satsang*. Das Wort geht auf zwei Wurzeln zurück: *sat* (das Gute, Wahre, Wirkliche) und *sanga* (Gruppe, Verband). Damit wird gesagt, daß sich jene, die nach dem Höchsten streben, zusammentun.

Der fromme Buddhist rezitiert jeden Tag drei Sätze.

Davon berührt einer seine Gemeinschaft mit allen Suchenden. „Ich suche Zuflucht zum Buddha", d. h. zu dem, der den Weg kennt und uns durch sein Vorbild ermahnt, daß das Nirwana, die Befreiung, auf Erden und in diesem Leben tatsächlich möglich ist. „Ich nehme Zuflucht zum Dharma", d. h. zum tiefsten Gesetz unseres Seins, das besagt, daß wir alle eins sind. „Ich nehme Zuflucht zum *sanga*", d. h. zur Gesellschaft jener, die um der Erlangung der Befreiung willen zusammengekommen sind.

Zusammenleben

Mir wird gesagt, daß die Menschen heutzutage Einzelgänger sein und allein leben wollen. Wenn man sie nach ihren Gründen fragt, antworten sie, daß es praktischer sei; sie können das tun, was sie wollen, wann und wie sie es wollen. Wenn sie nach der Arbeit müde und gereizt heimkehren, brauchen sie sich nicht mit streitenden Kindern abzugeben; sie können ihre Schuhe irgendwo abstreifen und ihre abgelegten Kleider irgendwo fallen lassen. Sie müssen nicht warten, um ins Badezimmer zu kommen, sondern sie können einfach den Hahn aufdrehen, aus dem immer genügend heißes Wasser fließt, Badeschaum oder die kleine gelbe Ente in die Wanne tun und so lange darin bleiben, wie sie wollen. Und wenn sie damit fertig sind, müssen sie keinem Partner oder Zimmergenossen zuhören, sondern können sich einen Martini einschenken, die Stereoanlage auf die gewünschte Lautstärke einstellen und die Schildkröte im Terrarium streicheln, die für jede Zuwendung, die sie bekommen kann, dankbar ist.

Gelegentlich wird gesagt, jene, die nach einem geistlichen Leben streben, sollten alles fallenlassen und sich in den Wald begeben bzw. nach Indien gehen und auf den

Hängen des Himalajas herumlaufen. Die Einübung selbstloser persönlicher Beziehungen ist jedoch nur durch den täglichen Umgang mit Menschen, nicht mit Bäumen oder Bächen oder Rehen, möglich.

Wenn wir Umgang mit Geistlichgesinnten pflegen, helfen wir uns gegenseitig durch unsere Unterstützung und unser Beispiel und fördern das geistliche Wachstum aller Beteiligten. Da wir jedoch alle nur Menschen sind, bieten wir uns auch gegenseitig reichlich Gelegenheit, Geduld zu entfalten. In beiden Fällen machen wir Fortschritte. Wenn alles gut läuft, ist es schön, und wir können nach neuen Herausforderungen Ausschau halten. Wenn es jedoch nicht gut läuft, haben wir die Herausforderung direkt unter unseren Augen. Dies alles ist jedoch nicht möglich, wenn wir isoliert leben. Wie kann ein Basketballspieler Höchstleistungen erbringen, wenn er nie einen Ball anrührt? Muß nicht eine Ballerina ihre Ballettschuhe anziehen, und muß ein Pianist sich nicht an den Flügel setzen? So müssen wir auch unter Menschen sein, wenn wir mit ihnen harmonisch zusammenzuleben lernen wollen.

Mir wird manchmal gesagt: „Ich lebe bei meiner Familie, aber diese Umgebung ist für das geistliche Leben schrecklich ungeeignet. Mein Vater sagt, Meditation sei Quatsch, und meine Mutter hat Angst, ich könnte zu einem Zombie werden. Sollte ich von zu Hause ausziehen?“ Im allgemeinen rate ich den Fragenden zum Verbleib. Ganz gleich, wie die erste Reaktion sein mag, ganz gleich, wieviel Necken und Spott wir eine Zeitlang ernten, niemand kann sich dagegen sperren, von der zunehmenden Güte und Weisheit eines Kindes, eines Partners oder eines Elternteils tief beeindruckt zu werden. Keiner von uns fängt mit der Meditation unter optimalen Bedingungen an, aber wenn wir bei diesen acht Grunddisziplinen unser Bestes tun, können wir sicher sein, daß wir jede erforderliche Möglichkeit zur geistigen Entwicklung erhalten.

Wenn Sie also bei Ihrer Familie leben, ist dies schön und gut. Wenn dies nicht der Fall ist, sollten Sie nach Möglichkeit mit Freunden zusammenleben. Wichtig dabei ist der tägliche Umgang. Es genügt nicht, wenn man ein Zimmer in einem großen Haus nimmt, aber allein ißt und die Mitbewohner höchstens fragt, ob die Post schon angekommen sei. Lernen Sie Ihre Freunde und Hausgenossen kennen. Gibt es jemanden, den Sie besser kennenlernen sollten? Fragen Sie nach ihrer Arbeit, ihrem Studium oder ihren Vorhaben. Tauschen Sie Ihre Meinungen über Raumsonden, Vitamin C, Mulchen oder Entwicklungen im modernen Roman aus. Sie werden erkennen, daß die Pflege mannigfaltiger Beziehungen mit mehreren Menschen einen großen Segen auf dieser Erde darstellt.

Es gibt Menschen, die regelrecht sprühen, wenn alles gut für sie läuft, aber sich in eine Schale der Isolation einhüllen, wenn dies nicht der Fall ist. Aber wenn man ständig um sich kreist, gerät man nur in einen depressiven Zustand. Wenn man zum Grübeln aufgelegt ist, ist das gerade der richtige Augenblick, aus sich herauszugehen und sich unter Menschen zu gesellen, d. h. sich von den eigenen Problemen abzuwenden, die durch die Isolation lediglich vergrößert und so verzerrt werden wie die menschliche Gestalt im Zerrspiegel des Spiegelkabinetts.

Der geistliche Haushalt

Wer nach geistlicher Entwicklung strebt, kann sein Leben in vielfältiger Weise mit anderen teilen. Man kann, wenn die Umstände es erlauben, Freunde aus anderen Haushalten zum Meditieren einladen. Sie können frühmorgens zu Ihnen kommen und neben Ihnen Platz nehmen. Vielleicht können sie auch bei Ihnen frühstücken und mit Ihnen zur Arbeit oder zur Schule aufbrechen. Sie können auch versuchen, mal in dem einen, mal in dem anderen Haus zu Abend zu essen und anschließend zur Meditation zusammenzubleiben. Einige Opfer werden vielleicht dafür erbracht werden müssen. Es kann sein, daß Sie dafür früher aufstehen oder abends etwas ausfallen lassen müssen, aber das Haus, in dem dies geschieht, wird dadurch ein schönerer Aufenthaltsort werden, auch wenn es einiger Erfahrung bedarf, um den Grund dafür zu begreifen. Wenn die Nachbarn zufällig hineinschauten und die reglose, schweigende, mit geschlossenen Augen dasitzende Gesellschaft erblickten, würden sie nicht begreifen, daß die dort Versammelten sich in jedem Augenblick in geistlicher Hinsicht näherkommen.

Mit der Zeit wird das für Meditation reservierte Zimmer von allen geschätzt werden. Während früher das Fernsehzimmer oder die Küche der Angelpunkt geschäftigen Lebens war, symbolisiert nun der Meditationsraum, obwohl er nur für einen Teil des Tages benutzt wird, die wachsende Harmonie im Hause. Nach und nach wird dieser Raum heilig.

Ein- oder zweimal in der Woche könnten Sie einen Abend mit Ihren geistlichen Freunden verbringen und mit ihnen die heiligen Schriften und die Werke der Mystiker lesen und diskutieren. Die meisten im nächsten Kapitel erwähnten Schriften können verwendet werden, aber ich möchte *The Bhagavad Gita for Daily Living* (Das Bhagavad Gita für das tägliche Leben) besonders empfehlen. In diesen Kommentar zu einer der großen heiligen Schriften der Welt habe ich viele praktische Hinweise zur Anwendung des im vorliegenden Buch vorgestellten Achtstufenprogramms aufgenommen. Ich glaube, daß Sie es nicht als eine spröde oder philosophische Darstellung, sondern als eine Darstellung empfinden werden, die Ihr tägliches Leben berühren will.

Auch das Mantram paßt sehr gut zu Familie und Freunden. Sie können z. B. eine kurze Zeit der Stille zur Wiederholung des Mantram vor den Mahlzeiten einlegen, in der allen die Gesellschaft, die liebevolle Zubereitung und der göttliche Geber der Speisen ins Gedächtnis gerufen wird. Und warum nehmen Sie das Mantram nicht bei Ausflügen mit und wiederholen es still vor sich hin, anstatt den Fahrer mit unnötigem Reden abzulenken? Dabei können Sie die Landschaft betrachten; Sie brauchen Ihre Augen nicht zu schließen. Das Wiederholen des Mantram wird auch zur Überwindung der Höhen und Tiefen jenes alljährlichen Familienurlaubs beitragen, bei dem alle voller Begeisterung ins Auto steigen und zehn Tage später erhitzt und müde, erschöpft und ernüchtert wieder zurückkehren, wobei ein paar Aufkleber an den staubigen Scheiben verkünden, daß sie es bis zu den geheimnisvollen Höhlen und zu dem versteinerten Wald tatsächlich geschafft haben.

Das Herunterschalten und das Konzentrieren der Aufmerksamkeit profitieren beide von der Unterstützung durch andere. Wenn mehrere Leute um den Tisch sitzen und lesen – die Sportseiten, ein Chemielehrbuch, die Kummerspalte und die Börsenkurse –, ist es schwer, dies nicht zur Gewohnheit werden zu lassen. Aber wenn die meisten Anwesenden ihre volle Aufmerksamkeit der Mahlzeit und der Gesellschaft widmen, tun wir es natürlich auch. Wenn wir feststellen, daß wir in der Küche herumzuhetzen beginnen, weil besondere Gäste erwartet werden, fällt es viel leichter, wieder langsamer zu werden, wenn die übrigen Mitglieder des Haushalts ein gemächliches Tempo beibehalten.

Mahlzeiten bilden den natürlichsten Rahmen für gutes Zusammensein. Wieviel Erfüllung bringt es, inmitten jener, die wir lieben und die uns lieben, liebevoll zubereitete Speisen zu uns zu nehmen. Denken Sie an die ergreifende Szene beim letzten Abendmahl, als Jesus seine Jünger um sich versammelt hatte, um beim gemeinsam geteilten Brot ihnen seine letzten Anweisungen zu geben und sich von ihnen zu verabschieden. Jede Mahlzeit sollte so etwas wie ein Sakrament sein, bei dem wir nicht nur den Leib, sondern auch den Geist stärken.

Aber wenn die Mahlzeit sakramentale Züge annehmen soll, muß das Zuhause von Liebe geprägt sein. Heutzutage ist es oft zu einer Art Anstalt geworden, wo Menschen mit unterschiedlichen Interessen essen und schlafen. Jeder muß ständig unterwegs sein; keiner kann eine freie Minute für ein Zusammensein mit anderen finden. Wir scheinen in Riesenzentrifugen zu leben, die uns bei jeder Gelegenheit nach außen schleudern, sei es zum Einkaufen, zu Tanzstunden, zu Vereinsversammlungen, zum Kegeln oder zu Überstunden im Büro. Manchmal werde ich gefragt, ob der richtige Platz für die Frau zu Hause sei. „Natürlich", gebe ich zur Antwort, „und auch für den Mann."

Um eine Mahlzeit zu einer Zeit der Gemeinsamkeit zu machen, sollten wir jedes unfreundliche Gespräch meiden. Welche Ironie, daß wir bei der Zusammenkunft des ganzen Haushaltes – vielleicht nur einmal am Tag – oft Bemerkungen machen, die uns entzweien und unsere Verdauung stören! Bei Tisch ist es unpassend, über Frisuren oder Rocklängen zu streiten, jemanden zu tadeln, weil er irgendeinen Auftrag nicht ausgeführt hat, oder über Außenpoltik zu diskutieren. Es ist aber auch keine Gemeinsamkeit, wenn wir in Totenstille dasitzen, uns mit unseren jeweils eigenen Problemen beschäftigen und nur aus diesem Grab des Schweigens auftauchen, um gelegentlich: „Reich mir bitte die Butter" zu sagen.

Anstatt eine Mahlzeit als etwas Lästiges zu betrachten,

das schnell erledigt werden muß oder eine Gelegenheit bietet, seine Beschwerden vorzubringen, können wir lernen, sie als eine kostbare Zeit des Zusammenseins und des Austausches zu schätzen. Diese Zeit können wir dadurch verlängern, daß möglichst viele Teilnehmer am Mahl zu seiner Vorbereitung beitragen. Wenn ein Gemüsebeet und vielleicht einige Obstbäume vorhanden sind, kann jedes Mitglied des Haushalts auch beim Anbau mithelfen. Auch kleine Familien können einen Teil dessen, was sie essen, anpflanzen, pflegen und ernten; so machen sie die Arbeit gemeinsam und ernten gemeinsam deren üppige Früchte. Kinder jeden Alters pflegen mit Wonne etwas Lebendiges; dadurch sammeln sie Kenntnisse in Wachstum, Pflege und über den Kreislauf der Natur.

Wenn es um das Trainieren der Sinne geht, ist geistliche Gemeinschaft unentbehrlich. Wenn Sie mit einem wirren Haufen unterwegs sind und an einem Stammlokal vorbeigehen, an das Sie sich noch dunkel erinnern, kann es leicht passieren, daß Sie plötzlich vor einem lauwarmen Bier und den letzten Brezeln an Ihrem gewohnten Platz sitzen, dem Wirt zuschauen, wie er die Stühle auf die Tische hebt, und sich fragen, wo der Abend geblieben ist. Es ist schwer, zu einer Gruppe „nein“ zu sagen; es ist aber auch schwer, zu einem Freund „nein“ zu sagen, der einen zu irgend etwas überreden will. Wenn Sie sich jedoch unter geistlich gesinnten Freunden befinden, werden diese wissen, wogegen Sie ankämpfen, und umgekehrt. Dann können Sie die Versuchungen des Einzelnen vermeiden und gemeinsam ein gesundes und schmackhaftes Essen und eine unterhaltsame und sinnvolle Beschäftigungen finden.

Bei ihren ernsten Bemühungen um ein geistliches Leben werten manche die Entspannung ab. Aber das geistliche Leben sollte nicht verbissen, sondern froh sein. Dabei spielt die Entspannung eine wichtige Rolle. Wenn wir hart gearbeitet haben, brauchen Körper und Geist eine Erfrischung. Wenn wir unsere Freizeit für ein Picknick oder einen Strandbesuch mit Familie oder Freunden verwenden, erleben wir geistliche Gesellschaft. Aber man muß nicht an den Strand gehen. Warum soll man nicht einen Abendspaziergang machen und dabei das Mantram wiederholen? Dabei nimmt man wahrscheinlich einiges zur Kenntnis, das einem bisher nicht aufgefallen war; vielleicht ergibt sich auch ein Gespräch mit Nachbarn oder ihren Kindern.

Wenn es einen guten Kinofilm gibt – was immerhin möglich ist –, gehen Sie gemeinsam hin. Ein Theaterstück oder vor allem ein Musical, an dem auch die Kinder Freude haben werden, ist ideal, auch wenn die Aufführenden Gymnasiasten sind, die noch keine großen Meister im Singen und Tanzen sind. Die Beleuchtung, die Kostüme, das Bühnenbild und die körperliche Nähe zu den Aufführenden wird den Kindern – und auch den Erwachsenen – ein unmittelbares Erleben schenken, das von der Leinwand nie vermittelt werden kann. Man teilt etwas Besonderes, wenn Zuschauer und Darsteller gleichzeitig an einem Ort versammelt sind.

Wir brauchen nicht einmal das Haus zu verlassen, um uns zu amüsieren. Für Millionen bedeutet Unterhaltung zu Hause natürlich nur eines: Fernsehen. Wie haben wir uns von den Röhren und Stromkreisen versklaven lassen! Ich schlage vor, daß Sie das Fernsehgerät ausschalten, sich überlegen, ob Sie es nicht lieber aus dem Haus entfernen, und eine Art von Entspannung suchen, an der andere im

Haus oder im Garten aktiv teilnehmen. Vor allem wenn Kinder zu Ihrem Haushalt gehören, versuchen Sie es mit dem Vorlesen aus Geschichten oder Dramen. Lernen Sie ein paar Zeilen auswendig, oder lesen Sie aus dem Text vor, oder improvisieren Sie einfach; wenn man ein paar alte Kleider, etwas Schminke, eine Perücke oder einen Schnurrbart hinzufügt, stehen Sie schon auf der Bühne. Egal, wie Sie es tun, seien Sie aktiv. Nehmen Sie keine vorgefertigten, halbstündigen Fernsehprogramme als Unterhaltung an, die einen dazu bringen, daß man sich nicht mehr selbst unterhalten kann.

Geistliche Sämlinge

Wenn ich sage, daß man bei der Wahl eines Gesellschaftkreises bedächtig vorgehen soll, meine ich damit nicht, daß man sich in eine kleine Gruppe zurückziehen und jeglichen Umgang mit Andersdenkenden vermeiden soll. Wir sollten allen gegenüber höflich und freundlich auftreten, ihre Gefühle und Ansichten berücksichtigen und keine Urteile fällen. Worum es mir hier geht, ist vielmehr die Notwendigkeit, Beziehungen mit jenen aufzubauen, die die Veränderungen, die wir bei uns herbeizuführen versuchen, begrüßen und unterstützen.

Wenn ein Sämling irgendwo auf weiter Flur gesetzt wird, kommt ein Zaun um ihn herum, um ihn zu schützen. Als geistliche Sämlinge kommt es uns in ähnlicher Weise zugute, wenn wir uns mit einem Schutzwall geistig Gleichgesinnter umgeben. Im Lauf der Zeit, wenn unsere neuen Denk-, Sprech- und Handlungsgewohnheiten fest verankert sind, können wir uns in jede Gesellschaft begeben, ohne uns entwurzeln zu lassen. Dann werden wir keineswegs zu unseren alten Gewohnheiten zurückkehren, sondern durch unser persönliches Beispiel auch andere dazu bringen, ihr eigenes Verhaltensmuster zu ändern.

Wo auch immer Menschen aus selbstlosen Zwecken zusammentreten, werden ihre Fähigkeiten enorm erweitert. Etwas Wunderbares, etwas Gewaltiges tut sich. Eine unwiderstehliche Kraft regt sich, die, auch wenn wir es gar nicht merken, unsere Welt verändern wird. Hierin liegt die Kraft und die Bedeutung der geistlichen Gemeinschaft.

LEKTÜRE DER MYSTIKER

Das geistliche Leben ist so anstrengend, eine solche Herausforderung, daß es mit der Besteigung eines hohen, noblen Berges verglichen werden kann. Wir beginnen in der Ebene – in der Talsohle –, und sehr, sehr langsam steigen wir immer höher. Dabei gibt es natürlich wunderbare Belohnungen: zu wissen, daß wir dem Gipfel näher kommen; uns umzusehen, um festzustellen, wie weit wir gekommen sind; uns immer stärker und lebenssprühender zu fühlen. Aber werden sich auch Schwierigkeiten einstellen, und sie verschwinden nicht, indem wir höher steigen. Die Wände von Schluchten fallen zu allen Seiten ab, riesige Felsen blockieren den Weg und müssen überwunden werden, wirbelnde Nebel und Stürme behindern die Sicht. Kalt und einsam scheint der Weg gelegentlich, und wir zweifeln, ob wir je den Gipfel erreichen werden.

In solchen Augenblicken können wir willkommenen Trost aus den Schriften der Mystiker schöpfen, die selbst diesen Berg erklommen haben. Wenn unsere Zuversicht verebbt – bei den meisten von uns ebenso häufig wie die Gezeiten des Meeres –, können wir uns den Worten dieser Männer und Frauen Gottes zuwenden, unsere Herzen erneuern, neuen Atem schöpfen und unser erhabenes Ziel wieder in Sichtweite holen. Ihre Prüfungen lassen unsere Hindernisse in der richtigen Perspektive erscheinen, und ihre Triumphe geben uns Mut. Wir erkennen, was wir als Menschen eigentlich sein können: unsere Fähigkeiten zu wählen, uns zu ändern, auszuharren, zu wissen, zu lieben, geistigen Glanz auszustrahlen. Für meinen Teil werde ich es nie müde, diese kostbaren Schriften zu lesen.

Welcher Segen ist es, in der Gegenwart einer heiligen Teresa von Ávila oder eines Sri Ramakrishna zu sein!

Das Wesen mystischer Literatur

Mystische Literatur unterscheidet sich von den anderen Schriften darin, daß wir bei immer tieferem Verstehen immer mehr daraus ziehen. Die meisten Bücher sind nicht so. Wir erschöpfen unser Interesse an einem Krimi, sobald wir entdecken, daß der Onkel des Butlers den Mord beging; und auch ein guter Roman ist durch das Bewußtsein des Autors begrenzt. Aber geistliche Schriften besitzen eine grenzenlose Tiefe, weil sie von Autoren stammen, deren Bewußtsein sich mit dem Unendlichen verschmolzen hat. Daraus nehmen wir soviel mit, wie wir tragen können.

Ich muß dennoch ein paar Warnungen in bezug auf geistliche Lektüre anbringen. Die meisten von uns sind so intellektuell ausgerichtet, daß wir leicht deren Zweck mißverstehen können.

Die Texte sollen uns inspirieren, uns zu ändern, und uns zeigen, wie wir dies tun können, aber ich bin mir sicher, daß die Mystiker selbst – die z. T. durch Ausprobieren lernten – mir zustimmen würden, daß Lesen kein Ersatz für Erleben ist. Ganz gleich, wie viele Mystiker wir lesen, wir können auf dem geistlichen Weg keine Fortschritte machen, ohne ihre Lehren im täglichen Leben zu üben.

Für einige von uns ist dies eine harte Mahnung. Ein zeitgenössischer Denker drückte es sehr treffend aus, als er bemerkte, daß, wenn sie zwischen der Vereinigung mit Gott und dem Anhören eines Vortrags über dieses Thema wählen müßten, die meisten Menschen nach einem guten Platz suchen würden. Ich muß gestehen, daß ich früher einmal dachte, alles Wissen liege zwischen zwei Buchdeckeln, und auf den Geruch eines frischgedruckten Buches so reagierte wie ein Feinschmecker auf den Duft einer würzigen Soße. Ich genoß es, eine Neuerwerbung sorgfältig zu öffnen, den Druck und den Einband zu bewundern und mich auf den Augenblick zu freuen, an dem ich es mir in meinem Sessel bequem machen, das erste Kapitel aufschlagen und mich an seiner Weisheit laben könnte. Inzwischen habe ich gelernt, meine Urteilskraft besser zu benutzen.

Einmal besuchte ich einen bekannten Autor, der über geistliche Themen schreibt, zu Hause, und er führte mich in seine außergewöhnlich reichbestückte Bibliothek. Dort standen Bücher über jede erdenkliche Art von Meditation, eine sehr beeindruckende Sammlung. „Mit all diesen Büchern über das Thema", sagte ich, „müssen Sie ein Meister der Meditation sein."

Er sah etwas verlegen aus. „Offengestanden", antwortete er, „ich bin mit Lesen und Studieren so beschäftigt, daß ich keine Zeit zum Meditieren habe." Dann holte er einige seiner Lieblingsbücher aus dem Regal. „Sie werden sie wohl alle kennen."

Jetzt sah ich etwas verlegen aus. „Nur ein paar." Ich wollte es nicht sagen, aber anstatt über Meditation zu lesen, hatte ich meine Zeit für die Praxis verwendet.

Wenn Sie die mystische Tradition kennenlernen wollen, dann verlassen Sie sich nicht auf Bücher *über* Mystiker, sondern wenden Sie sich direkt an die großen Mystiker selbst. Eine wissenschaftliche Darstellung hat vielleicht ihren Platz, aber persönliche Zeugnisse sind unendlich hilfreicher. Als ich Anglistik studierte, wurde ein umfangreiches Wissen über die Stücke Shakespeares von uns erwartet: die Motive Hamlets, die Psychologie der Lady Macbeth, die verschiedenen Arten der Komik in *Ein Mittsommernachtstraum.* Wie viele Bücher las ich, von wie vielen Gelehrten, Kritikern, Theaterwissenschaftlern, Regisseuren, Schauspielern geschrieben – alles Sekundärliteratur *über* Shakespeare. Ich las, was I. A. Richards von dem Kommentar Bradleys zur von Coleridge geäußerten Meinung über Drydens Einschätzung von Shakespeare in seinem „Essay über die dramatische Dichtkunst" hielt. Endlos! Erst später wurde mir klar, daß ein eingehendes Studium der Werke Shakespeares selbst mir einen tiefen Zugang zu den Personen, zu den überraschenden Wendungen der Handlung, zur Dichtkunst und zur eigentlichen Struktur der Stücke sowie des Geistes von Shakespeare verschafft hätte.

Damals wußte ich dies nicht, und wahrscheinlich hätte ich ohnehin nicht den Mut gehabt, diese Erkenntnis in die Tat umzusetzen. Erst als ich meditieren lernte und meinen eigenen Beobachtungsgaben zu trauen begann, erkannte ich, daß ich einen Stapel Landkarten mit dem Land selbst verwechselt hatte.

Lesen Sie also bitte die Worte des heiligen Augustinus, und tun Sie nicht das, was ich bei Shakespeare tat, d. h., lesen Sie nicht das, was A. behauptet, was B über Cs Meinung über Augustinus gesagt habe. Die Möglichkeiten, solche Umwege zu gehen, nehmen ständig zu, da heutzutage ein überwältigendes Angebot an immer mehr Büchern über Mystik und das geistliche Leben zur Verfügung steht. Verschwenden Sie Ihre Zeit nicht an schwache Widerspiegelungen, sondern gehen Sie direkt an die Quelle des Glanzes.

Aus den Annalen der Mystik gewählte Bücher sollten langsam und sorgfältig gelesen werden. Wir suchen keine Information, sondern Verstehen und Inspiration. Nehmen Sie jeden Tag ganz wenig auf, reflektieren Sie darüber, und versuchen Sie dann, das Gelernte in die Praxis umzusetzen.

Es gibt eine Erzählung von einem Mann, der auf der

Straße einen Stein fand, auf dem geschrieben stand: „Unter mir liegt eine große Wahrheit." Der Mann strengte sich an, den Stein umzudrehen, was ihm schließlich gelang. Auf der Unterseite standen die Worte: „Warum suchst du eine neue Wahrheit, wenn du das, was du bereits weißt, nicht ausübst?"

Auch bei der geistlichen Lektüre brauchen wir Zeit, die Wahrheit, die wir dort entdecken, in uns aufzunehmen. Ebenso wie Sie einen größeren Ertrag haben werden, wenn Sie Ihren noch so kleinen Garten bebauen, anstatt in einem Flugzeug das ganze Agrarland Ihrer Heimat zu überfliegen – so ist es weitaus besser, einige wenige Bücher zu lesen und sie sich wirklich anzueignen, als viele schnell und oberflächlich zu lesen.

Ich habe festgestellt, daß die geistliche Lektüre nach der Abendmeditation besonders gewinnbringend ist. Wenn ich damit fertig bin, gehe ich ins Bett und wiederhole das Mantram, bis ich dabei einschlafe. Der Grund für diese Reihenfolge ist einfach: Was wir abends in das Bewußtsein einbringen, begleitet uns in den Schlaf. Wenn wir diese kostbare Zeit damit verbringen, unsere Gedanken mit aufregenden Dingen aus Büchern, Filmen oder Fernsehsendungen füllen, dann sehen und hören wir eben solche Dinge in unseren Träumen. Wenn wir hingegen diese abendliche Reihenfolge von Meditation, geistlicher Lektüre und Wiederholung des Mantram einhalten, werden unsere Träume nach und nach einen weise verbrachten Abend widerspiegeln. Wir werden selbst im Schlaf an Geduld, Sicherheit und Weisheit zunehmen.

Ich schlage also vor, daß Sie jeden Tag eine halbstündige Lektüre einplanen, und zwar am besten abends. Wenn dies nicht möglich ist, nehmen Sie sich fünfzehn Minuten Zeit dafür. Sie werden wahrscheinlich bald mehr Zeit für eine solche Lektüre haben wollen; Sie werden danach hungern wie nach Ihrem Mittagessen, das Sie sicherlich nicht gern auslassen.

Hier wie bei anderen Dingen sollten wir den Weg einschlagen, den der Buddha den mittleren Weg nannte. Es ist zwar hilfreich, jeden Tag die geistliche Lektüre zu pflegen, damit unsere Begeisterung nicht nachläßt, aber wir sollten auch hier unsere Urteilskraft walten lassen. Es wäre sicher verfehlt, uns der Arbeit, der Familie oder anderen Verpflichtungen zu entziehen, um uns in einem Zimmer mit Büchern zu verschließen, mögen diese uns noch so inspirieren.

Breit gefächerte Lektüre

Die Schätze der Mystik sind in allen Religionen zu finden, und wir sollen uns nicht auf die uns vertrauteste Tradition beschränken. Kein Zeitalter, kein Volk, kein Glaubensbekenntnis besitzt ein Monopol auf geistliche Weisheit; der Gewinn steht und stand zu allen Zeiten jedem Menschen offen, der die Lust und den Mut hat, danach zu streben. Es versteht sich von selbst, daß wir auf dieselben Wahrheiten stoßen werden, ganz gleich, an welchen Mystiker wir uns wenden, weil die mystische Erfahrung überall gleich ist. Es gibt eine einzige höchste Wirklichkeit und eine einzige Vereinigung mit ihr, auch wenn die Sprache, die Tradition, die Ausdrucksweise und die kulturelle Einbettung jeweils unterschiedlich ist. Der eine schreibt in Französisch, der andere in Pali; der eine schreibt in Versen, der andere in Prosa; der eine spricht von der Mutter, der andere von Seiner Majestät und wieder ein anderer von dem Geliebten. Darin liegt die Schönheit der geistlichen Literatur: Sie spiegelt einerseits die faszinierende Vielfalt des Lebens und andererseits die unwandelbaren Prinzipien, die ungeachtet der Zeit und des Ortes hinter dieser Vielfalt stehen.

An dieser Stelle ist es jedoch angebracht, einen praktischen Unterschied zu machen. Einerseits gibt es Bücher, die wir in erster Linie um der Inspiration willen lesen. Sie können herrlich sein, und wir brauchen sie, aber zusammengenommen enthalten sie verschiedene Vorstellungen, Übungen und Methoden hinsichtlich der Meditation. Wenn wir versuchen, das Gelesene buchstabengetreu zu befolgen – eine Woche lang den chassidischen Lehrern folgend, in der darauffolgenden Woche dem heiligen Antonius folgend –, werden wir sieben Tage lang tanzen und singen und dann ebensolang von Brot und Wasser leben. Daher soll man sich auch mit der anderen Art von geistlichen Werken beschäftigen, nämlich mit denen, die uns konkrete Anweisungen und die ins einzelne gehenden Ratschläge unseres geistlichen Lehrers vermitteln. Wir sollen zwar Inspiration freizügig aus dem Schatz der klassischen Werke aller großen mystischen Traditionen schöpfen, aber dies soll nie ein Ersatz für das wiederholte Lesen jener Anweisungen werden, die wir im täglichen Leben zu befolgen versuchen.

Einige große Texte

Wir können sowohl die Universalität der mystischen Anschauung als auch die Individualität der Mystiker erkennen, wenn wir ein paar Schriften durchsehen, die nach meiner Erfahrung für geistliche Aspiranten besonders nützlich sind. Beginnen wir mit der westlichen Tradition. Vor lauter Begeisterung für den Osten übersehen heute viele Menschen des Westens die Breite und Tiefe der mystischen Schriften, die aus ihren westlichen Traditionen hervorgegangen sind. Es gibt tatsächlich große Bücher aus dem Osten, und diese sollten gelesen werden, aber warum sollten wir spirituelle Einsichten mit der exotischen Pracht verwechseln, in der sie für fremde Augen eingehüllt zu sein scheinen? Tatsächlich habe ich dies sowohl im Westen als auch im Osten erlebt. Einige meiner indischen Freunde lechzen nach westlichen Dingen, die ihnen aus der Ferne so neuartig und ansprechend erscheinen, daß sie ihnen in den Kopf steigen. Und in den USA braucht man bloß das Mandala oder Tai Chi oder Tantra Yoga zu erwähnen, um den Zuhörern den Kopf zu verdrehen. In Maßen ist eine solche Haltung harmlos, aber wenn sie dazu führt, daß wir die reichen Schätze des eigenen Erbes vergessen, leiden wir große Verluste.

In der christlichen Tradition haben viele große Heilige Berichte über ihr geistliches Wachstum hinterlassen. Eine Heilige, die mich besonders anspricht, ist Teresa von Avila, deren drei Bücher – *Buch der Erbarmungen des Herrn, Weg der Vollkommenheit* und *Wohnungen oder die Seelenburg* – eine nahezu zwanzigjährige geistliche Lehrzeit entfalten, die diese an Schönheit und Talenten unübertroffene junge Frau in eine ergebene Dienerin ihres Herrn verwandelte. Teresa hinterließ auch einige von ihren Erlebnissen geprägte Kurzgedichte, die als Inspirationstexte bei der Meditation dienen können. Das folgende bezeugt ihre Einfachheit und zugleich ihre Fähigkeit, zum Wesentlichen vorzudringen:

Lasse nichts dich beunruhigen
Nichts dir angst machen.
Alles ist im Wandel;
Gott allein ist unwandelbar.
Geduld führt zum Ziel.
Wer sich an Gott hält,
Dem fehlt nichts.
Gott allein genügt.

In den letzten hundert Jahren hat eine andere Frau gleichen Namens, nämlich die „kleine Blume“, die heilige Theresia von Lisieux, überall in der Welt die Herzen der Leser für sich gewonnen. Die in unserem Jahrhundert heiliggesprochene Theresia vom Kinde Jesu starb im Alter von vierundzwanzig Jahren und hinterließ ein einziges, von eigener Hand geschriebenes Werk, die *Geschichte einer Seele.* Was die Menschen bei ihr so anspricht, ist das, was sie selbst einmal ihren „kleinen Weg“ nannte: die tausendundein Liebeserweise gegenüber der Familie und den Freunden, durch die wir zugunsten der Freude und des Wohlergehens der Gemeinschaft lernen, uns selbst zu vergessen.

Ihre überaus reizvolle Kombination von Einfalt und geistlichem Mut kommt in dem folgenden Auszug aus der *Geschichte einer Seele* zum Ausdruck: Hier beschreibt sie, wie sie lernte, eine Nonne ihres Konvents gern zu haben, die sie zuvor als „in jeder Hinsicht unsympathisch“ empfunden hatte:

„Da ich der natürlichen Antipathie nicht nachgeben wollte, die ich empfand, sagte ich mir, daß Liebe nicht nur aus Gefühlen, sondern auch aus Handlungen bestehen soll. Dann bemühte ich mich, für diese Schwester genau das zu tun, was ich für den Menschen tun würde, den ich am meisten liebte. [. . .] Ich versuchte ihr jeden möglichen Dienst zu erweisen, und wenn ich nahe daran war, ihr eine ungehaltene Antwort zu geben, begnügte ich mich mit meinem freundlichsten Lächeln und versuchte, das Gespräch auf ein anderes Thema zu lenken. [. . .]

Da sie nicht die geringste Ahnung von meinen Gefühlen ihr gegenüber hatte [. . .], fragte sie mich eines Tages mit einem zufriedenen Gesichtsausdruck fast wortwörtlich: „Sagen Sie mir, Schwester Thérèse, was zieht Sie so sehr an mich? Wann auch immer wir uns begegnen, sehe ich ein Lächeln auf Ihren Lippen.“ Ach! Was mich anzieht, ist Jesus, der in ihrer tiefsten Seele verborgen liegt und sogar das Bitterste versüßt [. . .]“

Ein weiteres praktisches Handbuch für die Erziehung des Geistes stammt aus der Feder eines Mannes, der uns als Bruder Laurentius bekannt ist. Im Alter von achtzehn Jahren sah er zufällig einen nackten Baum, der sich vor dem grauen Himmel abhob, und die Erkenntnis, daß dieser Baum im Frühjahr in voller Pracht wieder sprießen würde, brachte ihm ein volles und dauerhaftes Bewußtsein der Macht Gottes. Er ging in ein Karmelitenkloster, wo von ihm selbstverständlich erwartet wurde, daß er an der Arbeit der Mönche voll teilnehmen würde. Laurentius berichtet uns, daß ihm alles, was mit der Zubereitung von Mahlzeiten zusammenhing, absolut widerstrebte. Innerlich wird er wohl seinen Oberen gesagt haben: „Lassen Sie mich im Stall oder in der Landwirtschaft arbeiten. Lassen Sie mich Handschriften ausmalen. Aber schicken Sie mich bitte bloß nicht in die Küche.“

Er kam also in die Küche – nicht aus Herzlosigkeit, sondern um ihm dazu zu verhelfen, seine Vorlieben und Abneigungen zu überwinden und zu jenem Frieden des Geistes zu gelangen, der von äußeren Umständen unabhängig ist. Bruder Laurentius befand sich also unter den Kochkesseln, Salaten und Soßen, während der Bruder, der sehr gern kochte und einen herrlichen Auflauf hervorzaubern konnte, wohl in die Waschküche abgeordnet wurde.

Dann fand eine wunderbare Verwandlung statt. Nach jahrelanger Anstrengung gelang es Laurentius, sich an die Gegenwart Gottes in jedem Augenblick, d. h. auch in der Küche, zu erinnern. Als er schließlich zu dieser Einsicht gelangte, sagte er, daß er unter dem Geklapper und Durcheinander der Töpfe und Pfannen in der Küche dem Herrn ebenso nahe wie beim Knien in der Kapelle war. Seine einfachen, praktischen Ratschläge sind uns in seinem Buch *Die Praxis der Gegenwart Gottes* erhalten.

Seit seinem ersten Erscheinen im Druck im Jahre 1492 gilt *Die Nachfolge Christi* von Thomas von Kempen nach der Bibel als das meistgelesene religiöse Buch der christlichen Welt. Es ist keine Erzählung, sondern ein geistlicher Ratgeber, eine „Anleitung zum geistlichen Leben". Hören Sie, was das Buch über die Liebe zu sagen hat:

„Sie erleichtert jede Last und duldet jede Erschütterung mit Gleichmut.

Sie trägt die Last mühelos, alles Bittere macht sie süß und wohlschmeckend. [...]

Die Liebe fühlt keine Last, die Mühe schreckt sie nicht, sie möchte mehr, als sie kann, das Unmögliche rechnet sie nicht ein, weil ihr alles möglich und zugänglich erscheint. [...]

In Erschöpfung erschlafft sie nicht, in der Not ist sie nicht bedrängt, die Angst verwirrt sie nicht. Sie stößt wie eine lebende Flamme, wie eine lodernde Fackel zu Höhe und steigt sicher hinan. [...]

Wer sich aber selbst sucht, verleugnet die Liebe."

Das ganze Hauptstück über „Die wunderbare Wirkung der göttlichen Liebe" (Buch III, Hauptstück 5) eignet sich hervorragend als Meditationstext. Es gibt auch andere inspirierende Stellen, aber bei der Lektüre oder bei der Auswahl von Texten aus der *Nachfolge* sollten wir uns ein paar Dinge vor Augen halten. Thomas war über siebzig Jahre lang Mönch und benutzt manchmal eine Ausdrucksweise, die einem monastischen Orden angemessen ist, aber nicht für einen Haushalt paßt. Als Novizenmeister riet er den ihm Anbefohlenen, die Welt zu vergessen, die sie hinter sich gelassen hatten. Unser Ziel hingegen ist, „in der Welt aber nicht von der

Welt" zu sein: danach zu streben, uns bei den Aktivitäten des täglichen Lebens würdevoller zu bewegen, ohne uns von äußeren Dingen oder von innerem Verlangen verführen zu lassen.

Wie es im Mittelalter üblich war, neigt Thomas auch dazu, Menschen mit Gott zu vergleichen – auf Kosten des Menschen. Wir sollten uns jedoch daran erinnern, daß das Unedle am menschlichen Wesen nicht unser wahres Selbst ist – das immer rein, niemals durch Gedanken, Worte oder Werke verunreinigt wird –, sondern auch das usurpierende Ego, das das Reich des Bewußtseins übernommen hat. Dieser freche Kerl ist nicht das wirkliche Ich und muß von dem Thron heruntergeholt werden, von dem aus er seine ihm selbst dienenden Befehle in arroganter Weise erteilt, und für immer in die Verbannung geschickt werden, damit das wahre Selbst seinen rechtmäßigen Platz einnehmen und wieder glanzvoll herrschen kann.

John Woolman, ein protestantischer Mystiker aus der Kolonialzeit Amerikas, hat sein Erlebnis einer solchen Krönung in seinem *Tagebuch* aufgeschrieben:

„Als ich an einer Rippenfellentzündung erkrankt war [...] wurde ich den Pforten des Todes so nahe gebracht, daß ich meinen Namen vergaß. Da ich den Wunsch hatte zu wissen, wer ich sei, sah ich eine Masse Materie in einer dumpfen, düsteren Farbe zwischen dem Süden und dem Osten und erfuhr, daß diese Masse aus Menschen bestand, die sich in der größten Not befanden, in der sie ohne zu sterben sein konnten, und daß ich mich unter ihnen befand und mich von nun an nicht als eigenes oder getrenntes Wesen betrachten durfte.

In diesem Zustand verharrte ich einige Stunden lang. Ich hörte dann eine sanfte, wohlklingende Stimme, reiner und harmonischer als jede Stimme, die ich jemals mit den Ohren vernommen hatte; und ich glaubte, sie sei die

Stimme eines Engels, der mit anderen Engeln sprach. Die Worte waren: *John Woolman ist tot.* Nun erinnerte ich mich, daß ich einst John Woolman gewesen war, und nachdem ich mich vergewissert hatte, daß ich im Körper noch lebte, fragte ich mich sehr, was die himmlische Stimme meinen könnte [. . .]

Schließlich spürte ich, wie eine göttliche Macht meinen Mund bereitete, damit ich sprechen konnte, und dann sagte ich: ‚Mit Christus bin ich gekreuzigt. Ich lebe, doch nicht mehr als Ich, sondern Christus lebt in mir; soweit ich aber jetzt doch noch im Fleische lebe, lebe ich im Glauben an den Sohn Gottes, der mich geliebt und sich selbst für mich ausgeliefert hat.' Dann war das Geheimnis gelüftet, und ich erkannte, daß es Freude im Himmel über einen reuigen Sünder gab und daß die Worte *John Woolman ist tot* nichts anderes als den Tod meines eigenen Willens bedeuteten."

Die *Aufrichtigen Erzählungen eines Pilgers* ist das Werk eines anonymen russischen Bauern, einer demütigen und einfachen Seele. Mit ein paar heiligen Büchern und etwas Brot in seinem Sack durchstreift dieser heimatlose Mensch mit einem verkrüppelten Arm die Städte und Wildnisse Rußlands im 19. Jahrhundert unter ständiger Wiederholung des Jesusgebets. Dunkle Zeiten widerfahren ihm: Er wird beraubt, erfriert beinahe, wird fälschlicherweise eines Verbrechens beschuldigt. Aber es gibt auch Zeiten geistlicher Helle, wenn er bei seinem Lehrer sitzt, wenn liebevolle, fromme Christen ihm Freundschaft erweisen, wenn er gerade jenen Männern einen Dienst erweist, die ihn beraubt hatten. Die ganze Geschichte macht die in der Wiederholung des Heiligen Namens liegende Kraft anschaulich.

In der jüdischen Tradition enthalten Teile der Bibel die erhabensten Gedichte. König David, bzw. der Psalmist, schreibt:

Wie die Hinde verlangt nach dem Wasser der Quelle,
so verlangt, o Gott, meine Seele nach dir.
Es dürstet nach Gott meine Seele,
nach dem lebendigen Gott;
wann darf ich kommen und schauen das Angesicht Gottes?

Stellen Sie sich trockene Hügel in der sengenden Hitze und eine nach Wasser suchende Hindin mit gesenktem Kopf und heraushängender Zunge vor. Sie wird jede Strecke zurücklegen, sich jeder Härte unterziehen, um an Wasser zu kommen; sie kann nach nichts anderem trachten. So, sagt der Psalmist, sollten wir nach Gott lechzen.

Auch die Mystiker des Islam – Ansari von Herat, Jaladdin Rumi, Friduddin Attar – rühmen den Herrn seit Jahrhunderten mit herrlichem sprachlichem Ausdruck. Im folgenden drückt Rumi in sehr schöner Weise das Wesen der Vereinigung der Seele mit ihrem göttlichen Geliebten aus:

Mit Deiner süßen Seele hat sich meine
So vermischt wie Wasser sich mit Wein.
Wer kann denn Wein und Wasser trennen,
Dich und mich, die Einheit so entzweien?
Zum größeren Selbst bist Du mir jetzt geworden;
Klein und eingegrenzt kann ich nun nimmer sein.
Mein ganzes Sein hast Du schon angenommen;
Soll nicht nun ich das Deine machen mein?
Bestätigt hast du mir für immerdar,
Daß ich Dich immer wisse mein.
Durchdrungen hat mich Deine Liebe ganz,
Erbebend sich umschlingen Nerv und Bein.
Flötengleich auf Deinen Lippen ruhend,
Lautengleich an Deiner Brust mein Sein.
Blase tief in mich, so daß ich seufze;
Meine Saiten schlage, dann kommt der Tränen Schein.

Der Buddhismus besitzt auch eine altehrwürdige mystische Tradition, aus der ich vor allem das *Dhammapada* empfehlen möchte. In seinen sechsundzwanzig Kapiteln ist das Wesentliche der Lehre Buddhas enthalten und ist von seiner persönlichen Erfahrung geprägt. Der Buddha war ein Wissenschaftler des Geistes mit einem tiefschürfenden Verstand und einer unnachgiebigen Logik bei der Wahrheitssuche. Unter Verwendung von alltäglichen Bildern, die die Dorfbewohner im alten Indien leicht verstehen konnten – und die auch heute nichts an Anschaulichkeit eingebüßt haben –, schildert er den Zustand des Menschen ebenso exakt, wie es ein erfahrener Arzt tun könnte.

Seine Diagnose: heftiges Verlangen, möglicherweise tödlich. Sein Gegenmittel: Nirvana, das Auslöschen aller Selbstsucht. Seine Prognose: hoffnungsvoll bis ausgezeichnet. Schließlich bietet er uns, wie wir es von einem guten Arzt selbstverständlich erwarten, eine starke, aber auch stärkende Medizin, um eine Genesung zu gewährleisten: den Edlen Achtfachen Weg, der auf der Praxis der Meditation basiert.

In ihrem Buch *Footprints of Gautama the Buddha* stellt Marie Byles das Leben des Buddha so dar, wie es einer seiner ersten Jünger hätte sehen können. Aus alten Dokumenten schöpfend, ist diese lebendige Erzählung mit faszinierenden Personen bevölkert. Es eignet sich gut zum Vorlesen für Kinder, aber machen Sie sich auf Luftschnappen und große Augen gefaßt, wenn der Buddha dem Schrecken der Landbevölkerung, dem wilden Banditen Angulimala, von Angesicht zu Angesicht gegenübertritt.

Der Hinduismus umfaßt eine große, vielfältige Sammlung heiliger und mystischer Schriften, die z. T. mehrere Jahrtausende alt sind. Die *Upanischaden*, die ältesten darunter, gehören zu den tiefsten aller geistlichen Schriften.

Der Philosoph Schopenhauer sagte einmal: „Sie sind die lohnenswerteste und erhabenste Lektüre, die es überhaupt auf der Welt geben kann. Sie sind der Trost meines Lebens gewesen und werden es auch für mein Sterben sein."

Über hundert Upanischaden sind uns überliefert, wovon ungefähr zehn als die wichtigsten betrachtet werden. Diese – zusammen mit ein paar „kleinen" Upanischaden – habe ich zum Gebrauch als Meditationstext ins Englische übertragen. Eine andere empfehlenswerte Upanischadensammlung ist *The Upanishads: Breath of the Eternal*, die von Swami Prabhavananda ins Englische übersetzt wurde.

Für mich gehört das *Katha* zu den bedeutendsten aller Upanischaden. Darin begibt sich ein Junge namens Nachiketa in die Wohnung von Yama, dem König des Todes. Als Zeichen der Gastfreundschaft bietet ihm der Tod drei Wünsche an.

Was möchte er haben: Ein langes Leben? Gold und Juwelen? Königreiche und Macht? Nachiketa, der perfekte Anwärter auf ein geistliches Leben, antwortet, daß dies alles eines Tages in die Hände des Todes fallen wird. „Gib mir etwas Dauerhaftes", bittet er, „etwas, das deinem Zugriff entzogen ist." Über diese Antwort freut sich Yama und unterweist den Jungen in den Geheimnissen von Tod und Unsterblichkeit.

Wer sich für Theorie und Praxis der Meditation interessiert, kann sich dem klassischen Text, den Jogasutras von Patanjali, zuwenden. Patanjali war ein brillanter Meditationslehrer im alten Indien, der das von früheren Weisen erfahrene Wissen über den Geist und seine Beherrschung – ziemlich viel! – zusammentrug und in einem unschätzbaren Handbuch sammelte, das wegen der wissenschaftlichen Strenge seiner Darstellung berühmt ist.

Das Werk Patanjalis ist so dicht wie die Vorlesungsaufzeichnungen eines Professors, da es vorgesehen war, es von einem erfahrenen Lehrer erweitern, interpretieren und kommentieren zu lassen. Es gibt viele Ausgaben, aber ich möchte die von Swami Prabhavananda herausgegebene *How to Know God: The Yoga Aphorisms of Patanjali* empfehlen, da sein auf ein ehrliches westliches Publikum abzielender Kommentar einen praktischen Ansatz mit den Einsichten tiefer spiritueller Erfahrung verbindet.

The Gospel of Sri Ramakrishna ist das einzige Buch, das ich in die USA mitnahm. Es wurde von einem pensionierten Lehrer geschrieben, der ein völlig ergebener Anhänger dieses im 19. Jahrhundert in Bengalen lebenden großartigen Mystikers war.

Dieser Lehrer, der sein Werk mit einem bescheidenen „M“ unterschrieb, liebte seinen Meister so sehr, daß er sich nach Sonnenuntergang in sein kleines Zimmer zu setzen pflegte, wo er aus dem Gedächtnis alles aufzeichnete, was der Meister, seine Jünger und seine Gäste – manchmal von morgens bis abends – gesagt hatten. Das Ergebnis ist eine außergewöhnliche Leistung, die der englische Schriftsteller Aldous Huxley als das größte Stück hagiographischer Literatur der Welt bezeichnete, das voller anschaulicher Parabeln, klarer Erläuterungen schwieriger Fragen und glänzender Berichte über Fälle von mystischer Vereinigung steckt.

Von allen Büchern aus allen geistlichen Traditionen hat keines eine größere Bedeutung für mich gehabt als die *Bhagavad Gita*. In diesem Zusammenhang darf ich die Worte Gandhis darüber zitieren: „Es wurde für mich zu einem täglich konsultierten Nachschlagwerk. Ebenso wie ich mich an ein englisches Wörterbuch wandte, um die Bedeutung mir unbekannter Wörter zu erfahren, schlug ich in diesem Verhaltensführer nach, um nach einer leichten Lösung für meine Sorgen und Prüfungen zu su-

chen." *Um die Gita* modernen Lesern zugänglicher zu machen, habe ich eine kommentierte Übersetzung ins vad Gita for Daily Living erschienen ist. Aus persönlichen Erfahrungen schöpfend, zeige ich darin, wie man die Lehren der *Gita* auch heute im persönlichen Leben anwenden kann.

Die achtzehn Kapitel der *Gita* bestehen aus einem Dialog zwischen dem jungen Prinzen Arjuna, der dich und mich versinnbildlicht, und dem Herrn selbst, der hier als Sri Krischna erscheint.

Arjuna hat viele Fragen, viele Vorbehalte, viele Zweifel, die sein göttlicher Lehrer geduldig beantwortet und beschwichtigt. Eine Stelle gegen Schluß des Werkes enthält eine Quintessenz spiritueller Weisheit. Arjuna will wissen, wie es um das Bewußtsein jener bestellt ist, die den Gipfel menschlichen Bewußtseins erreicht haben. Für jene von uns, die noch dabei sind, diesen waghalsigen Gipfelsturm zu versuchen, ruft uns die Antwort des Herrn – wie die zuverlässigen Worte eines erfahrenen Bergfüheres – in Erinnerung, was wir sein werden, wenn wir auf dem Gipfel anlangen:

In seinem Urteil unbeirrbar,
Über seine Sinne und Leidenschaften herrschend,
Vom Tumult der Vorlieben und Abneigungen erlöst,
Führt er ein einfaches, selbständiges Leben,
Das auf Meditation beruht und Sprache,
Leib und Geist in den Dienst des Herrn der Liebe stellt.
Von Selbstsucht, Aggression und Arroganz befreit,
Von dem Begehren nach Menschen und Dingen,
Lebt er in Frieden mit sich selbst und anderen
Und tritt in den Zustand des Vereintseins ein.
Vereint mit dem Herrn, immer freudig,
Dem Zugriff von Eigensinn und Leid entzogen,
Dient er mir in jedem Lebewesen

Und gelangt zur höchsten Hingebung an mich.
Indem er mich liebt, nimmt er an meiner Herrlichkeit teil
Und tritt in mein grenzenloses Sein ein.
Alles, was er tut, geschieht in meinem Dienst,
Und durch meine Gnade erlangt er ewiges Leben.

Möge jeder von Ihnen durch unaufhörliches Streben und die unendliche Gnade und Liebe dessen, der die Urquelle von allem ist, zu diesem seligen Zustand gelangen!

RICHARD ROHR ENTFESSELT DIE BIBEL – EINE MITREISSENDE NEUENTDECKUNG DES ALTEN BUCHES

Richard Rohr sagt die Botschaft der Bibel erfrischend neu, er entfesselt ihre verborgene Kraft und macht sie für unsere Zeit lebendig.

Das entfesselte Buch
3. Auflage, 192 Seiten, Paperback, ISBN 3-451-21870-4

»Der Leser entdeckt, daß die Bibel zu neuem Leben befreien kann, denn biblisches Geschehen wird in unseren Alltag übertragen und erweist sich dadurch als große Hilfe. Dieses Buch ist allen zu empfehlen, die die Bibel einmal ›anders‹ erleben wollen. Es ist sowohl eine Hilfestellung für Menschen, die in der Bibelarbeit stehen, als auch ein Einstieg für diejenigen, die bisher noch kaum Zugang zum Alten Testament gefunden haben.« *(Dienender Glaube)*

Das auferstandene Buch
2. Auflage, 240 Seiten, Paperback, ISBN 3-451-22043-1

»Es ist schon erstaunlich, wie überzeugend und mitreißend der Autor die Aktualität und Lebenskraft der biblischen Aussagen und Erfahrungen vermittelt. Sehr empfehlenswert zur bibeltheologischen Meditation.«
(das neue buch)

»Das Buch eignet sich besonders für jüngere Leser bzw. für ›Einsteiger‹ in die Bibel, da es keinerlei Voraussetzungen macht – außer einer: ein offenes Ohr und Herz zu haben für die großartige Liebesgeschichte Gottes mit den Menschen.« *(Lebendiges Zeugnis)*

Verlag Herder Freiburg · Basel · Wien

AUSWAHL AUS DEN WERKEN VON HENRI NOUWEN IM VERLAG HERDER

Nachts bricht der Tag an
Tagebuch eines geistlichen Lebens
2. Auflage, 272 Seiten, Paperback, ISBN 3-451-21443-1

In ihm das Leben finden
Einübungen
6. Auflage, 104 Seiten, Paperback, ISBN 3-451-19549-6

Der Spiegel des Jenseits
Gedanken um Tod und Leben
72 Seiten, gebunden, ISBN 3-451-21869-0

Ich hörte auf die Stille
Sieben Monate im Trappistenkloster
12. Auflage, 204 Seiten, Paperback, ISBN 3-451-18023-5

Feuer, das von innen brennt
Stille und Gebet
8. Auflage, 96 Seiten, Paperback, ISBN 3-451-19427-9

Jesus – Sinn meines Lebens
Briefe an Marc
2. Auflage, 120 Seiten, Paperback, ISBN 3-451-21329-X

Verlag Herder Freiburg · Basel · Wien